D0830215

Écarts
d'identité

Des mêmes auteurs

Azouz Begag

L'Immigré et sa ville
Presses universitaires de Lyon, 1984

Le Gone du Chaâba
Seuil, coll. « Point-Virgule », 1986

Béni ou le Paradis Privé
Seuil, coll. « Point-Virgule », 1989

Sous la direction d'Abdellatif Chaouite
et M. Dernouny

Enfances maghrébines
Casablanca, Afrique Orient, 1987

Azouz Begag
Abdellatif Chaouite

Écarts
d'identité

Éditions du Seuil

COLLECTION DIRIGÉE PAR NICOLE VIMARD
OUVRAGE PUBLIÉ AVEC LA COLLABORATION D'EDMOND BLANC

En couverture : Gaston Chaissac, *Totem, circa,* 1962.
Galerie Louis Carré et Cie.

ISBN : 2.02.012158-1

© ÉDITIONS DU SEUIL, MAI 1990.

Avant-propos

1989, deux nouveaux paramètres dans l'équation « immigration maghrébine en France » : *politique,* où l'on parle de la représentativité et du vote des «Beurs», *religieuse,* où l'on discute de l'islam français. Ils conjuguent la présence de cette population d'une manière nouvelle par rapport aux dimensions qui avaient été généralement retenues jusque-là (économique, spatiale, scolaire, sociale) : pour la première fois, l'enjeu reconnu et explicitement visé est la France même. Au-delà de celles des minorités ethniques, ce sont les frontières de l'ethnicité française qui jouent et qui bougent.

Cependant, représentations et clichés résistent. Places fortes du discours qui donnent de l'immigré et de ceux issus de l'immigration des images figées, en décalage ou en opposition avec celles produites par leur mobilité et leur expérience de l'espace et du temps. Derrière ce jeu de l'imaginaire, des cartes et des écarts identitaires sont redéfinis, redistribués, rejoués. C'est cette topographie que notre essai parcourt, en repérant ses lieux, ses distances, ses mouvements et ses personnages. Essai pluriel comme nous y engage le voyage dans l'espace-temps que nous traquons : plusieurs entrées, plusieurs pistes et, en fin de compte, plusieurs étages dans le même livre. Ce « même livre »

qui est aujourd'hui partagé dans l'identité-et-la-diffé-
rence par tous ceux qui abattent les « murs » des identités idéologiques et élargissent les frontières de leur
être.

Lexique des idées arrêtées
sur des gens qui bougent...
(dans le désordre)

Adage : tel père tel fils ! D'une certaine manière, c'est vrai. Mais, globalement, c'est faux.

Émigration : anciennement, ce mot faisait partie du vocabulaire poétique... aujourd'hui il connaît une inflation surtout sur le terrain politique. Dans l'imaginaire social, il désigne :

– une catégorie de la population d'origine méditerranéenne et de confession musulmane ;

– une zone sinistrée de l'espace où cette population est confinée (ZUP, bidonville, Sonacotra...) ;

– une force de travail bon marché (le travail arabe !) ;

– un casse-tête pour les candidats aux élections de tous genres (peau de banane, spectre, chance...).

Immigré : synonyme : maghrébin ; le destin de ce mot n'a rien à envier à celui d'errant, synonyme de juif (les mots perdent leur latin !). Dans notre jargon, c'est une espèce en voie d'extinction (par des moyens légaux et illégaux).

Communauté maghrébine : recherche mon frère désespérément...

Beur : mot désignant une substance alimentaire, grasse et onctueuse (voir Petit Robert). De plus en plus écrit de cette façon par les journalistes (grosse faute d'orthographe ! cf. *La Disparition* de G. Perec).

Voudrait maintenant désigner une population issue de l'immigration maghrébine... on a eu *Pain et Chocolat...* manquait le Beur. Décidément, l'immigration ça se mange bien au petit déjeuner !

Beur de la réussite : contraire de Beur de l'échec scolaire, social et tout et tout.

Échec: mot d'origine arabo-persane. A donné l'expression échec et mat (shâh mat : le roi est mort) (cf. Petit Robert). Un héritage lourd à porter...

Beurette : sœur du Beur... Mot voisin : burette. Pourquoi pas !

Intégration : facile à dire. Impossible à conceptualiser. Donc difficile à théoriser. A chacun de trouver ses marques.

Intégration en France : comment monter dans un train en marche sans tomber... Problème mal posé. Ce n'est pas ce qu'on vous demande ! On est tous dans la même galère.

Abdallah : serviteur de Dieu (dans la mosquée, pas en prison).

Georges Ibrahim Abdallah : synonyme : bombes, terroriste musulman. Georges est chrétien. Qui le sait ? Personne : il faudrait mieux le préciser.

Rushdie : élément de positionnement des immigrés maghrébins et de leurs enfants en France. Renvoie *de facto* à leur origine musulmane. Critère de jugement et de sélection du « maghré-bien ».

SOS Avenir Minguettes : association disparue avec l'avènement de SOS Racisme. A donné naissance à la Marche des Beurs... ses initiateurs ont fait un retour en arrière pour se retrouver une identité.

Identité : à définir...

Écarts d'identité : différence de couleur entre un passeport vert et une carte d'identité jaune. *Voir aussi Europe.*

Interculturel : mélange des cultures. Tout le monde n'apprécie pas forcément...

Mosquée : type d'architecture ayant la capacité de faire baisser les prix du foncier dans les ensembles urbains de France. A vocation dangereuse et bruyante. Fantasme explosif...

Sexe de l'espace : architecturalement parlant, le minaret s'érige en toute indécence sacrée. Scientifiquement parlant, espace et sexe se pénètrent... objet d'étude possible : l'espace de la femme et l'espace de l'homme dans le monde musulman. Voir, savoir, pouvoir... (M. Foucault). Je te voile, tu me dévoiles, chéri je t'aime, chéri je tchador...

Enfant d'immigré maghrébin : en abrégé : EIM, qui passe très mal. Appellation la plus contrôlée pour désigner le cru des enfants d'immigrés maghrébins. Devrait remplacer définitivement les notions de « seconde génération », « Beur », « enfant d'étranger »...

M. Poniatowski : ancien ministre français.

M. Platini : capitaine de l'équipe de France de football. A marqué le but qui a éliminé l'équipe d'Italie lors du dernier Mundial. A choisi son camp. Assume bien.

M. O'hamed... : (voir aussi Irlandais). Dans quelques années on dira tout simplement « français » plutôt que français d'origine maghrébine ou musulmane. Alors là, les choses auront changé.

Irlandais : individu ayant une très forte propension à l'émigration. Apprécie Paris... et sa police.

Drogue : à défaut d'identité, d'intégration dans le temps présent et de projet dans le temps futur. Substance qui aide à s'inscrire volontairement dans le brouillard. Quand on le sait, ça va mieux.

Chite : orthographe voisine, chiite. (En anglais revêt aussi une autre signification) *voir drogue.*

Guerre d'Algérie : terminée en 1962. Comme l'élève

efface un tableau en classe, on a effacé le souvenir de cette guerre de l'histoire de France. D'ailleurs cet épisode est désigné comme « événement ». Un événement se caractérise comme un « point de détail ». Suivez mon regard.

Guerre d'Algérie bis : un bon truc à enseigner aux enfants d'immigrés maghrébins pour évoquer les relations historiques de la France avec les pays du Maghreb. Aux enfants de Français aussi, du reste ! Soyons pas sectaires.

Politique : la vie quotidienne dans les cités. Droite ou gauche, beaucoup s'y perdent. Quand des malins les récupèrent pour leur proposer une nouvelle identité et d'attaquer les problèmes de Front... (n...). Les bidonvilles de la politique germent également dans les terrains vagues.

Politique et enfants d'immigrés maghrébins :... (question insoluble scientifiquement).

Europe : quand tu passes les frontières, va directement dans la file : « *European passports only.* » La porte t'est ouverte quand tu as un passeport européen. Si le douanier te regarde avec un air suspicieux, montre-lui ton passeport « communauté européenne » en souriant. Normalement, tout doit bien se passer. Si tu as encore un passeport maghrébin alors que tu es né en France, va dans la file « *Foreigners* ». Ça veut dire étrangers. Tu vas être encore considéré comme un voleur. Alors, rentré chez toi, va vite à la préfecture et demande un dossier de réintégration dans la nationalité française. Ça prend plus d'un an. Après t'es tranquille. Tu peux même aller au Maghreb sans problème. Et même en Suisse, si tu veux.

Député : tu as un député ! Qu'est-ce que tu veux de plus !? Tu veux pas aussi être président, non ?!! Pourquoi pas ? C'est où qu'il faut s'inscrire ?

Difficulté : c'est pas de chance d'être né dans une économie mondiale perturbée au cours des années soixante-dix par les hausses du prix du pétrole, car...

Pétrole : arabe = moi. Les difficultés économiques internationales, c'est moi ! le chômage c'est moi ! Les immigrés prennent le travail des Français. Tout se tient. Une telle logique sent le mazout.

Plan du livre : à suivre. TSVP. Il y a des signes qu'il faut savoir traduire, sinon on ne peut pas tourner la page...

Les Beurs :
la fin d'une étape

1989, l'année du bicentenaire de la Révolution française. C'est aussi la fin d'une mode et d'une étape : celle des Beurs ; étrange notion pour une étrange population dont la société française a découvert la présence au début de la décennie quatre-vingt. L'année 1989 tourne une page de l'histoire de France, parce que des enfants d'immigrés maghrébins ont enfin fait leur entrée en scène dans le paysage politique national. Élection de quelques centaines de jeunes sur des listes municipales au cours des élections de mars 1989, élection de deux députés au parlement européen en juin, en l'occurrence deux femmes. Nous sommes loin des années soixante-dix où l'on ne faisait allusion à ces jeunes qu'en évoquant leurs handicaps sociaux et leur déviance par rapport à la « société d'accueil ». Ils ont montré qu'ils pouvaient occuper d'autres espaces que ceux de la marge.

Pendant ce temps, alors que beaucoup de médias dévoilaient le « Beur is beautiful ! », le Front national ne cessait de grossir ses troupes en accueillant les « angoissés du cosmopolitisme ».

La différence entre les angoisses et les modes, c'est que les premières s'usent beaucoup plus lentement. Passée la mode Beur, le Front national est toujours là avec ses fidèles clients, qui constituent une dizaine de

pour cent de la population électorale française, et la
haine de l'Arabe s'exprime toujours; contre des foyers
de travailleurs, contre des jeunes dans les cités, à Saint-
Laurent-des-Arbres, à Lyon. Cette haine-là fait des victimes.

Si donc un certain optimisme est de mise, il est
encore malheureusement contrebalancé par cette haine
irrationnelle, cette hydre aux têtes multiples : assassi-
nats, bavures, rejets de toutes sortes.

Du côté des « issus de l'immigration », si l'horizon
s'éclaircit, le ciel est encore sombre. Malgré les percées
individuelles spectaculaires de certains, beaucoup (peu
importent les chiffres) sont encore dans le brouillard.
Pire, pour certains, ce brouillard est aujourd'hui celui
de la drogue, tentation qui gagne les jeunes des cités.
C'est encore elle qui tient les filles maghrébines, parfois très jeunes, lorsqu'elles vont se prostituer dans les
rues sombres de Lyon ou de Marseille. A Lyon, d'où
nous écrivons, on a commencé à les voir depuis deux
ou trois ans à peine. La prostitution dans ce milieu est
un phénomène récent. Il a été révélé aux médias à
l'occasion d'un meurtre horrible : deux d'entre elles
ont brûlé vive une concurrente dans la banlieue de
Vaulx-en-Velin en l'aspergeant d'essence. Dans les
années soixante-dix, la délinquance dans les cités lyonnaises n'était pas un vain mot. Mais, dans le milieu des
enfants d'immigrés, il n'y avait pas de drogue. Aujour-
d'hui, son commerce florissant donne lieu à des règle-
ments de compte à l'italienne ou à la colombienne.
C'est cela l'effrayante nouveauté. On ne peut pas
l'ignorer ou la dissimuler derrière des problématiques
comme celle de la montée de l'intégrisme musulman
dans les banlieues immigrées. On ne peut pas ne pas
en parler sous prétexte que ce thème accréditerait les
thèses de l'extrême droite. Il faut avoir le courage

d'affronter cette réalité. Elle fait des ravages chez les plus défavorisés, dont font évidemment partie les familles immigrées.

Dans les murs de la prison Saint-Paul de Lyon, plus des deux tiers de la population carcérale sont d'origine maghrébine. Beaucoup de détenus ont été inculpés pour trafic et usage de stupéfiants. La réalité sociologique de nombre d'enfants d'immigrés maghrébins, c'est aussi celle-là. Mais cette réalité n'est pas ethnique ou raciale, elle est sociale. On peut la rapprocher de celle des plus démunis de la population noire américaine intoxiqués par le fléau de la drogue dans les ghettos de Harlem, Washington, Detroit ou Chicago. Dans cette vitrine du monde, des maires noirs gèrent des villes à très forte concentration de population noire où la drogue et la violence sont les problèmes majeurs. Les États-Unis ont un problème avec leurs Noirs. La France a le même type de problème avec ses Franco-Maghrébins. En ce moment même, à Lyon, des associations de quartier luttent contre le maire de la ville qui a donné son accord pour la construction d'une mosquée dans le huitième arrondissement. Le minaret aurait le fâcheux pouvoir de faire baisser les prix du foncier ! Un peu plus loin, à Charvieux-Chavagneux, le maire envoie un bulldozer écraser un lieu de prière musulman. Ce genre de pratique expéditive, à l'encontre des signes extérieurs de l'islam, est un phénomène récent en France. *Exit* les travailleurs immigrés, c'est maintenant les musulmans qu'il s'agirait de combattre en France.

En 1989, on célèbre la Déclaration des droits de l'homme ; dans le même temps, pêle-mêle, des députés européens issus de la communauté maghrébine sont élus, un chauffeur de taxi tue un jeune Franco-Algérien qui ne lui a pas payé sa course, une boulangère en

tue un autre qui lui a volé un croissant, des militaires
assassinent un fils de harkis dans le Sud, des vigiles
lyonnais massacrent un « clochard » algérien après
l'avoir torturé. Tandis que de l'autre côté de la mer, en
Algérie, l'armée tire sur le peuple descendu dans la rue
pour réclamer le droit de vivre. Des centaines de
morts. D'un côté comme de l'autre, les certitudes ont
disparu. S'il existe encore, le mythe du retour s'est
sérieusement effrité dans beaucoup de familles immigrées, sans pour autant qu'elles se sentent françaises.
Du reste, il n'y a pas que ce type de désillusion qui
mine toute tentative d'identification dans cette population. On a beaucoup parlé de la participation aux élections comme le moyen le plus efficace de l'intégration
des jeunes dans la société française. Sous l'impulsion
de son président, Areski Dahmani, l'association France
Plus a réussi à faire élire plus de trois cents candidats
d'origine maghrébine sur les listes des nouvelles
équipes municipales en mars 1989. Ce résultat est un
succès indéniable, mais pas généralisable. Les jeunes
des cités n'ont pas encore vu l'importance stratégique
du politique, et ils ne se sont pas inscrits massivement
sur les listes. Pour exemple, nous citerons celui de
Bron, dans la banlieue Est de Lyon, commune de plus
de 30 % d'immigrés, avec sa traditionnelle ZUP, dont
Jean-Jacques Queyranne, porte-parole du Parti socia-
liste a remporté la mairie lors des dernières élections.
Conduite par trois jeunes universitaires d'origine algérienne, l'association JOB (Jeunes objectif Bron) s'était
donné pour but, lors des élections municipales, de
mener une campagne autonome et de présenter sa
propre liste. L'ambition était de toucher non seulement
les jeunes Maghrébins mais aussi les jeunes Français de
souche pour les amener à s'inscrire sur les listes et
voter pour des revendications spécifiques. Sans aucun

moyen financier ni soutien de quiconque, l'équipe a accompli un énorme travail d'information sur son action. De meetings en meetings, elle a reçu un écho très favorable de la part de ses électeurs potentiels. Mais les résultats définitifs furent très décevants : moins de 2 % des voix se sont exprimés en leur faveur. A peine plus de deux cents personnes. Aujourd'hui, les initiateurs de cette liste autonome tirent les leçons de leur aventure. Les jeunes desquels ils pensaient obtenir une légitimité pour les représenter ne se sont pas inscrits sur les listes. Mais quand on écoute les fondateurs de l'association JOB parler de leur expérience, on est assuré qu'ils feront reparler d'eux lors des prochaines échéances électorales.

Pour l'instant, on est dans le flou total. Quant à l'avenir... on rencontre souvent l'argument selon lequel les enfants de Maghrébins s'intégreront en France comme les Italiens, Polonais, Espagnols l'ont déjà fait depuis deux générations. Le pays absorbera obligatoirement cette composante avec le temps. C'est un scénario probable. Mais à quel prix se fera cette absorption ?

En fin de compte, quand on évoque la question des enfants de Maghrébins dans la France contemporaine, on met en parallèle des individus en prise avec une société et on porte l'accent sur les turbulences que provoque le contact de ces deux éléments. Comme le fruit que porte l'arbre se détache un jour de sa branche et tombe sur le sol. En s'écrasant, il peut éclater et changer sa nature, et même donner naissance à de nouvelles pousses qui vont devenir à leur tour des arbres et ainsi de suite. Par analogie, on peut dire que l'arbre et le sol constituent deux sociétés différentes qui exercent l'une sur l'autre des attractions réciproques, et les fruits, des individus qui passent de l'une vers l'autre.

Autrement dit, les individus ne sont rien si on les isole de leurs contextes de référence, ici la France et le Maghreb, étroitement imbriqués l'un dans l'autre, et il est vain d'essayer de comprendre les processus de leurs migrations d'un espace à l'autre, les changements qu'ils provoquent et qu'ils subissent, sans analyser la nature, la topologie, les distances qui séparent et unissent les deux mondes.

La mode beur dont nous vivons les derniers soubresauts, aura eu le mérite de renvoyer dans les archives de l'histoire le mot immigré. Le fruit est tombé de son arbre. Maintenant il est bien là sur le sol. Les parents sont *partis* de leur pays dans les années quarante et cinquante et, en fait, ils n'ont jamais été nulle part. Mais leurs enfants sont *là*. L'avènement de la décennie du Beur aura clairement et définitivement institué ce glissement. Une page a bien été tournée. De la même façon, lorsque les premiers Maghrébins ont commencé après la Seconde Guerre mondiale à émigrer vers la France, ils ne savaient pas qu'ils faisaient là un pas décisif qui allait bouleverser leur histoire et celle de leur famille. Ils débarquaient dans les grandes villes de la métropole comme dans un port qui devait leur servir d'escale pour faire le plein avant de s'en retourner. Mais le pouvoir du temps les a surpris. Les jours d'escale sont devenus des années, le port est devenu leur domicile. C'est un mouvement presque de même nature que celui de la pomme qui tombe de son arbre : dès l'instant où elle est tombée, elle ne retournera jamais à son attache originelle. Ces « déracinés du capital », comme les a nommés Christian Mercier, avaient la possibilité de revenir à leur terre d'origine : ils ne l'ont pas fait. Ce type de migration entraîne toujours de profondes répercussions, un décalage qu'on peut attribuer au temps qui passe.

Ce décalage vécu par les parents a été transmis aux enfants. La plupart de ces *anciens* ont rêvé ou rêvent encore de voir leurs descendants réaliser le projet qu'eux n'ont pu accomplir, rentrer au pays avec une bonne situation « économique ». On imagine leur tête quand les porteurs de leurs espoirs sont en prison, au chômage ou prostitués. Il y a ici comme un écart qui s'est interposé définitivement. Parvenus à l'âge de la retraite, les vieux rentrent habiter de temps en temps la maison qu'ils ont fait construire au pays, au prix de lourds sacrifices en France, la maison qui devait accueillir tous les membres de la famille lors du grand retour. Ils vont et viennent plusieurs fois dans l'année. Tandis que, en France, la plupart des jeunes ne se sentent ni français ni maghrébins et gèrent difficilement les contradictions de cette situation en porte à faux. Dans les partis politiques, à l'exception du Front national, la question pèse comme un fardeau au prix politique important, que tout le monde n'est pas prêt à payer. D'ailleurs, quand bien même on aurait véritablement la volonté de faire quelque chose, on ne saurait quoi. On ne peut pas résoudre le chômage du jour au lendemain. On ne peut changer les mentalités d'un coup de baguette. On ne peut pas combattre l'irrationnel en créant un ministère ou une cellule interministérielle. Bref, on est dans une situation où les événements sont plus subis que maîtrisés par tous les acteurs concernés, mais en matière d'immigration cela a toujours été le cas en France.

Ce livre sur les écarts d'identité s'intéresse aux conséquences incontrôlées de la migration des hommes d'un lieu à un autre. Ce n'est pas un énième recueil sur les souffrances des immigrés en France ou sur les Beurs ; les gens qui bougent dérangent et provoquent des désordres. Nous, les enfants de ces travailleurs-

paysans qui ont quitté leur pays et leur vie, qui
sommes-nous par rapport aux Français de souche, à
nos parents ? Comment nos mères et nos pères ont-ils
pu accomplir des voyages aussi fabuleux, comment ont-
ils fait pour vivre en France depuis trente ou quarante
ans sans être vraiment dedans ? Que nous restera-t-il
de leur souvenir quand ils seront morts ? (A part ce
livre bien sûr...)

PREMIER CHAPITRE

Les déclinaisons
du verbe partir

Il était une fois l'immigration maghrébine en France. Cette histoire commence par un départ. Mais un départ, c'est beaucoup plus qu'un simple déplacement. C'est souvent le commencement d'une nouvelle histoire, d'une nouvelle organisation de la société. Plus que jamais, l'actualité montre à quel point l'histoire des mouvements des hommes fait basculer le cours de l'histoire des sociétés. C'est peut-être pour cela que certains gouvernements ont attaché tant d'importance à contrôler la mobilité de leurs ressortissants. Parce que la mobilité est subversive. Elle déstabilise les communautés.

Un coup d'œil sur le dictionnaire nous donne les significations suivantes :

Départ : le fait de quitter un lieu, une situation.

Exil : éloignement, séparation.

Exode : émigration, fuite.

Émigrer : quitter son pays pour aller s'établir dans un autre, momentanément ou définitivement.

Mobilité : changer de place, de position.

Mouvement : changement de position dans l'espace, en fonction du temps, par rapport à un système de référence.

Voyage : déplacement d'une personne qui se rend en un lieu assez éloigné.

Les définitions du Petit Robert le montrent, le départ, la mobilité, le mouvement, l'exil, l'exode, le voyage, l'émigration sont toutes des notions qui désignent le passage d'un individu ou d'un groupe d'un espace (endroit, lieu) ou d'un état (situation, position) vers un autre. Ces mots évoquent l'idée d'une séparation, d'un éloignement et d'un changement. Celui qui part quitte quelque chose. « Partir c'est mourir un peu », dit l'adage. Partir c'est, en tout cas, changer.

La séparation implique l'idée de la distance, d'un intervalle entre un avant et un après. Ainsi, le départ c'est l'instauration d'un changement qui se manifeste sous la forme d'un écart. L'émigré, c'est un homme qui a quitté son pays pour aller s'établir dans un autre, *momentanément ou définitivement*. Il s'est écarté physiquement de son pays, de sa famille, de ses amis, de sa terre, de sa langue. Il retournera *chez lui* ou bien il restera *définitivement* chez son hôte et y inventera de nouvelles attaches.

En fin de compte, l'émigré c'est un agent de changement. Celui par qui des bouleversements vont apparaître des deux côtés, dans la société d'origine et dans la société d'accueil. Lorsqu'on regarde l'actualité médiatique française en cet automne 1989, démesurément focalisée sur le port du voile par les jeunes filles musulmanes d'origine maghrébine dans les écoles laïques, on illustre parfaitement un type particulier de changement suscité par ces « gens » qui sont partis de chez eux, un jour, pour venir s'installer en France.

En fait, derrière la question du foulard, il y a l'expression directe du travail d'écartèlement que connaît toute société traversée par des mouvements migratoires. Écart: *distance qui sépare deux choses qu'on écarte ou qui s'écartent l'une de l'autre; diffé-*

rence entre deux grandeurs; action de s'écarter, de s'éloigner d'une direction ou d'une position; action de s'écarter d'une règle morale, des convenances sociales; erreur, faute; tenir quelqu'un à l'écart : ne pas le faire participer, ne pas le tenir au courant. Telles sont encore les définitions que propose le Petit Robert. Quand on se réfère à ces différentes interprétations du mot écart, on conçoit mieux son impact sur les conflits d'identité entre les parents immigrés et leurs enfants, leurs filles en l'occurrence, s'agissant aussi des différences entre la société française et les micro-sociétés immigrées, des relations entre les membres d'une même communauté immigrée, etc. Politiquement au moins, la France a toujours tenu ses immigrés *à l'écart*; culturellement, les parents immigrés ont tendance à se tenir à l'écart de la société française et à éloigner leurs enfants des processus transformateurs de leur identité première. Les écarts d'identité, ce sont en définitive des écarts entre des individus ou des groupes qui sont sujets à des changements appréciés par chacun selon sa propre notion du temps, des distances et de la place qu'il occupe dans le monde.

1. Le départ comme arrachement

Toutes les formes de mouvement physique que nous regroupons sous le terme générique de mobilité définissent un moment et un acte fondateurs. Depuis les premières mobilités mythiques (chute d'Adam et Ève, dérive de l'Arche de Noé, exil du peuple de Moïse, Hégire de Mohamed) jusqu'aux migrations modernes, la même dialectique est à l'œuvre sur le plan collectif : celle largement vulgarisée aujourd'hui à travers les termes Identité et Différence. Sur le plan individuel, la mobilité se réfère également à un autre modèle : celui de la naissance. Première rupture, première séparation, premier changement de milieu. La naissance (plus exactement la re-naissance) imprime également l'imaginaire de toute mobilité. Le migrant s'arrache. *A contrario*, le jeune « zupien » qui n'arrive pas à couper le cordon ombilical qui l'attache à la tour de la cité « rouille ». D'ailleurs, l'expression « on s'arrache » est passée dans le langage courant des cités. Elle désigne l'effort nécessaire pour s'extraire d'une certaine forme de rouille.

En s'arrachant, le migrant introduit une distance entre lui et l'univers symbolique (la matrice première) qui définit son être. En s'arrachant, il s'ouvre à une autre redéfinition dans un autre univers. Par analogie, le migrant serait un joueur de tennis qui quitte le fond de son court, d'où il maîtrise bien l'espace qui est devant et derrière lui, et qui monte attaquer au filet. Il parcourt une distance pour accéder à une nouvelle situation géographique d'où il va voir le jeu différemment. Il ne voit plus l'espace derrière lui, et en face de lui il n'a que l'espace de son adversaire. Du coup il se trouve placé dans un autre univers qu'il a investi pour venir prendre un point. Une telle démarche, la redéfinition identitaire pour le migrant, impose un prix à payer : celui de l'angoisse liée à l'incertitude. Le point qu'il est venu chercher au filet ne l'expose-t-il pas au « passing-shot » de son adversaire qui peut, depuis sa position, trouver des angles d'ouverture beaucoup plus faciles dans le nouveau placement de son vis-à-vis ? La migration est un risque. Elle est angoissante. Entre un arrachement douloureux et un réancrage conflictuel s'installe le temps d'une crise. C'est celle d'une expérience traumatique marquée par la peur de perdre définitivement les objets quittés et d'affronter l'inquié-

tante étrangeté. Une fois que la montée au filet a été
faite, il faut y rester. On ne peut plus revenir en
arrière, au moins pendant un temps. Il faut jouer à la
volée. Façon de dire que la mobilité, la migration, est
bien plus qu'un simple déplacement physique d'un
point à un autre dans un espace géographique. Elle ne
se mesure pas en mètres mais en indices de changement. Il s'agit d'une rupture dans une continuité
vivante et une greffe sur une autre continuité vivante.
La réussite ou l'échec de cette opération reste le noyau
décisif de toute expérience de mobilité. Le joueur de
tennis qui est monté au filet, s'il marque le point, va
décupler sa force psychologique. S'il le perd, le doute
va s'installer en lui pour un bon bout de temps.

Les temps des mobilités maghrébines vers la France

A notre sens, l'histoire des migrations maghrébines
vers la France s'inscrit en plein dans ce modèle général. Elle a ses mythes. Elle est créatrice d'une nouvelle
identité. Elle est conflictuelle à tous les niveaux. Autrement dit, elle relève des mêmes lois qui structurent
tout système de mobilité migratoire. Mais un caractère
la met aujourd'hui en relief : une inflation des discours
de tous ordres qui a fini par rendre équivalents les
mots *maghrébin* et *immigré* dans l'imaginaire social. Il
faut remarquer que ce foisonnement des mots sur
l'immigration maghrébine a pris le relais du fait migratoire lui-même.

On a déjà beaucoup dit et écrit là-dessus : une bonne
partie de ce discours assure une fonction conjuratoire
(le fait migratoire maghrébin est porteur de tous les
maux). On affirme souvent que la désignation de ces
« Bics émissaires » est liée à une conjoncture, la ren-

contre entre l'éveil des consciences à l'immigration et
la crise idéologique et économique.

En réalité, silencieuse voire méconnue jusqu'au
milieu des années soixante-dix, la présence de l'immigré maghrébin va alors exploser massivement dans les
propos et les actes, comme si c'était l'arrêt même du
flux migratoire qui a fait prendre conscience de ces
implications pour la société d'accueil. Cette population
va alors être « visibilisée ». Et les discours la concer-
nant vont en quelque sorte la fixer. Ce processus a
occasionné divers mouvements à tous les niveaux de la
société d'immigration : politique, culturel, spatial et
architectural... Et même sur le plan linguistique, on
retrouve les signes d'une profonde transformation : le
mot immigré a par exemple perdu ses connotations
fabuleuses et fantastiques. Dévalué, cristallisé, il a fini
par être dépouillé de sa polysémie. Maghrébin : ce mot
renvoie moins aujourd'hui à une appartenance ethnique qu'à une condition sociale dépréciée. Ce glissement du langage n'est bien sûr pas fortuit : il est le
signe d'une résistance aux changements.

La première moitié des années soixante-dix a été une
étape importante dans l'histoire de l'immigration
maghrébine en France. Ce sont les « années pétrole ».
Le fameux *or noir* a été désigné comme l'élément
déclencheur de la crise économique internationale avec
tout le cortège de restructuration, reconversion, formation, recyclage, recentrage... qu'elle impliquait pour les
pays du monde industrialisé. Or, dans cette période de
graves difficultés, le mot arabe est vite devenu synonyme de pétrole. D'où la transition... et la désignation
immédiate des coupables les plus proches : les immigrés maghrébins ! A cette époque où l'on clamait avec
fierté en France : « Nous on n'a pas de pétrole, mais on
a des idées ! », on a commencé à « voir » les respon-

sables de la crise économique mondiale, les instigateurs
des troubles qui obligent à tout repenser, tout redéfinir,
pour soi comme pour la société. Dès lors, il n'y avait
aucune raison de les garder *chez nous* !

Cependant, sur le plan économique, des études de
l'INSEE, par exemple, ont montré que l'augmentation
du prix du pétrole n'était que l'aboutissement d'un
cycle économique en récession depuis de nombreuses
années. De la même façon, la conjoncture ne peut à
elle seule expliquer cette visibilisation de la population
immigrée maghrébine en France dans les années
soixante-dix. Cette conjoncture n'était que l'espace-
temps catalyseur ou déclencheur d'un problème qui
trouve ses raisons en amont et en aval du fait migratoire lui-même. Nous nous limiterons ici à tracer les
trois perspectives où semble s'alimenter le débat actuel
sur l'immigration.

D'abord, le temps de la « question » de l'immigration
maghrébine n'est pas son temps premier, mais un
temps second. Un temps qui fait écho à un autre où
l'immigré-visiteur et l'hôte-accueillant se tenaient en
position inverse : c'était le « temps des colonies ». De
l'émigration dans l'autre sens. C'est là le véritable
temps premier : celui de l'effraction violente, de la
mort d'hommes, au cours duquel les imaginaires ont
été marqués pour toujours. Ce premier temps a provoqué des effets bouleversants durables dans le système
par son intensité. Il a, d'autre part, amené un deuxième
temps, celui du souvenir. Il est réactivé par toutes les
énergies et les tensions non liquidées au cours du premier temps. Le temps des discours actuels sur les
Maghrébins de France revêt l'allure de cet après-coup
de souvenir.

Il suffit que nous, les enfants de ces immigrés maghrébins, nous nous rendions aujourd'hui dans un pays

étranger pour mesurer à quel point les relations que nous entretenons quotidiennement avec la société française sont empreintes du souvenir de la colonisation et de ses guerres d'indépendance. Aux États-Unis, où récemment nous donnions un cours sur l'immigration en France, les étudiants américains ne savaient pas où se trouvait le Maghreb. Ils savaient situer « North-Africa », à la limite, parce que c'est une partie du continent africain, et que les Américains ne raisonnent qu'en terme de continent. Une telle expérience nous apprend ce que c'est que de ne pas faire partie de l'imaginaire d'une société. Le regard que porte l'Américain sur le Nord-Africain n'est chargé d'aucune intensité.

Ensuite, l'immigration maghrébine est un fait des temps modernes. Dans ce cadre, elle participe d'une nouvelle mythologie qu'elle contribue à alimenter, celle de l'identité multiple traversant et traversée par plusieurs cultures. Cette recomposition ethnologique est le résultat d'une ouverture d'une culture dominante aux apports d'autres systèmes, et dans ce sens elle désigne un acte subversif de l'identité *pure*. Elle transforme le lien social. Sur le plan psychologique, elle fait intervenir de nouvelles identifications qui ouvrent la voie à de nouvelles restructurations dans la personnalité. Les distances qui séparent les uns et les autres se réajustent, non sans conflits bien sûr, pour la possession d'un « objet magique » (objet culturel, technique...).

L'idée de transculturalité existe ainsi dans celle de mobilité. Le départ des uns a la capacité de déplacer les frontières des autres. La montée au filet du joueur de tennis oblige l'adversaire à redéfinir sa stratégie d'attaque. Elle ne peut pas le laisser indifférent. Les migrations des uns sont souvent vécues comme un vertige par les autres et alimentent des discours peureux ou jubilatoires.

Enfin, et l'affaire du « voile de Creil » le montre bien, le discours sur l'immigration maghrébine n'est plus un discours produit seulement par les professionnels de la question, mais un discours qui émane du cœur même de ce qui fait la France. A ce niveau au moins, cette question est complètement « intégrée » : ses solutions impliquent la mise en branle de ce qui est constitutif de la France comme nation, État, histoire, mentalités. Pour la première fois, le discours explicite sur l'immigration a pour objet la France même : au-delà des déclarations d'intention habituelles qui « sauvent la face » et contournent les problèmes, les questions posées aujourd'hui touchent aux fondements institutionnels et réclament un discours-action. Ironie du sort ? Il a fallu que ce soit une banale affaire de voile qui fasse tomber le voile érigé entre la réalité et le discours.

Inversement, plus qu'aucun autre fait, c'est cet établissement de l'objet symbolique « immigré » au cœur de ce qui fonde la nation française qui lui donne la légitimité et la dignité d'un fait social total. Il relève de moins en moins d'une interrogation sur une minorité ethnique et de plus en plus d'une interrogation sur l'ethnicité française elle-même.

2. Mabrouk s'en va-t-en France

L'acte de partir contient plusieurs idées et notions clefs qui permettent de mesurer l'ampleur et la signification des changements qu'il introduit : liberté, contrainte, choix, identité, rôle des pionniers... Le changement, caractéristique qui définit tout passage d'une situation à une autre, intervient au plan de l'ensemble du système de repérage spatial et temporel de l'individu. Il entre en résonance avec le système psychique. Voulu ou subi, il est le biais qui nous introduit aujourd'hui à une relecture des mobilités entre des espaces différents. Il agit sous l'effet d'une modification interne du système ou bien de la captation d'une information nouvelle. Ou encore de l'interaction des deux. En glissant d'un état à un autre, le système rompt avec les liens élémentaires qui unissaient ses principales composantes. Une configuration nouvelle se met en place.

Dans l'acte migratoire du Maghrébin, le temps traumatique (l'intrusion coloniale) fut l'espace de bouleversements profonds dont le résultat pourrait s'appeler mobilité subversive des liens d'attachement de l'individu à son territoire de vie. Les expropriations des paysans, l'exode rural, la création d'une masse salariale, la réquisition de milliers de Maghrébins pour les usines de guerre furent les causes d'une mobilité première, mobilité de base, qui va marquer l'histoire des mentalités maghrébines et celle des rapports France-Maghreb d'une double empreinte :

– une mouvance verticale : désancrage de l'individu de ses étais traditionnels et son corrélat, la possibilité de partir ;

– une mouvance horizontale : partir dans le sillage déjà tracé aussi bien par les arrivants (colons) que par les premiers partants (pionniers, militaires...).

Revenons sur un cas précis (celui du père de l'un des auteurs) pour reconsidérer tout l'univers des métamorphoses que met en jeu la mobilité. Cet indigène algérien, à la fin des années cinquante, décide d'aller chercher du travail en France. Il quitte son village.

Une brève rétrospective : dans l'Algérie coloniale, les indigènes ruraux étaient employés comme journaliers dans les fermes domaniales où ils logeaient avec leur famille. En échange de leur force de travail ils ne recevaient que des biens en nature, alimentaires. En revendant une partie des volumes de blé qu'ils recevaient, les paysans pouvaient disposer d'un petit capital en argent. Dans bien des cas, cette situation pouvait paraître comme la moins mauvaise pour ces Algériens privés de leur terre. Le travail permettait au moins de ne pas mourir de faim. On s'adaptait aux conditions matérielles de vie ; on se référait au *mektoub* (ce qui est « écrit » : le destin)... et puis de l'autre côté de la mer, on était loin de son territoire et exposé aux dangers et aux angoisses de l'« inconnu ». Dans ce contexte, le rôle de ceux qui décidèrent de partir pour la France métropolitaine fut fondamental à plus d'un titre.

Le choix de partir

Dans le contexte politique, économique et social de l'Algérie coloniale, chaque paysan-journalier disposait d'un pouvoir de décision que nous appelons *liberté théorique* de partir, de s'exiler vers la France. Cet espace autre, imaginaire, imaginé, se présentait à certains comme un espace accessible où le travailleur recevait un salaire en échange de sa force de travail ; espace économique, espace de liberté. Ce type de représentation était d'autant plus légitime que l'économie française avait alors un très fort besoin de main-d'œuvre et exerçait un grand attrait sur les pays du Sud. Mieux, la France en migrant elle-même au Maghreb dans le cadre colonial, puis en faisant migrer les indigènes en métropole, a créé un pôle d'attraction, d'échange ou d'aimantation. Toutes les vicissitudes de l'histoire des rapports entre les deux communautés et les différentes politiques de « bouderie » depuis les indépendances ne pourront pas reboucher ce sillage creusé. D'une certaine façon, on peut dire que le Maghreb fait partie de l'être imaginaire de la France, et celle-ci fait partie de l'être imaginaire du Maghreb. Ces liens sont au-delà des décrets, des politiques migratoires, des rencontres présidentielles et des découpeurs de l'histoire « en détails ».

La diversité des systèmes de recrutement de main-d'œuvre dans les pays d'Afrique du Nord comme les pratiques de sélection-recrutement des travailleurs marocains qui allaient devenir les futurs mineurs de Lorraine sont connues. Ces aspects organisationnels ne nous intéressent pas directement. Ce qui nous semble en revanche d'un grand intérêt, car il renouvelle le regard sur la mobilité, ce sont les situations dans lesquelles l'individu dispose d'un degré de maîtrise minimal sur son acte de se mouvoir ou non ; la situation où il y a un choix, celui de partir, de changer de situation, de donner un autre sens à sa vie.

Les conditions du départ

Les villages, les zones rurales, les pays de l'Afrique du Nord ne se sont pas entièrement vidés du fait de l'attraction que l'économie française exerçait sur eux. Certes, on peut évoquer l'idée des contingentements de main-d'œuvre imposés alors pour expliquer ce constat. Mais elle paraît largement insatisfaisante. Lorsque l'Algérie était française, les indigènes avaient un droit de circulation sur tout le territoire national. Et pourtant, si, dans le sillage, beaucoup ont fait le choix de l'émigration, ce ne fut pas le cas pour tous. Reste alors la question du pourquoi. Pourquoi et à quelles conditions ceux qui sont partis ont-ils fait ce choix ? Pourquoi ceux qui sont restés ont-ils fait ce choix ? Il n'y a pas de réponse simple à ces questions. Elles poussent seulement à s'interroger sur les notions de liberté et de contraintes dans les actes de mobilité des individus.

Revenons à la mobilité de base pour essayer de cerner les assises psychologiques et sociologiques de ce phénomène. L'acte de migrer prend souvent la signification latente d'un *comportement de rupture* ; et, en tant que tel, il fait partie de cet ensemble de conduites de ruptures que le bouleversement des assises psychosociales premières semble avoir favorisé. L'imaginaire de la migration se structure en effet autour d'une quête, d'une recherche de l'altérité. Une mise hors de l'espace ou du miroir du « même », troublé, perturbé dans sa fonction sécurisante, ne serait-ce que sur le plan économique... mais ce plan cristallise tous les autres. L'expérience de l'altérité se présenterait alors comme une alternative, un espace de remplacement et de réalisation de tous les possibles. Tout se passe donc comme si le candidat à la mobilité, se sentant coincé dans son désir de « bouger », immobilisé dans les cercles vicieux des perturbations de son espace premier, optait pour une sortie effective. Cette sortie, la mobilité, se présente cependant comme une issue elle-même paradoxale : une sorte de divorce, même provisoire, douloureux, qui veut être une solution à un état de rupture. La mobilité recèle ainsi la mise en acte d'un imaginaire en révolte. Cette révolte vise une sorte de reconquête de soi. Tout migrant est un être habité par l'autre, l'autre migrant qu'il a d'abord « accueilli » chez lui et en lui. C'est là d'abord son écart interne que la migration effective fera grossir ou rétrécir suivant la valeur des « retrouvailles ». L'histoire du migrant, en tant que choix ou aventure individuelle, est l'histoire de l'élaboration de la violence de ces écarts.

Elle est le lieu-temps d'une modification du rapport moi-monde qui resignifie le vécu d'un sujet et le transforme ; d'une nouvelle donne dans le jeu d'échange du désir et de l'agressivité entre le dehors et le dedans.

Nous avons évoqué la dimension économique de la mobilité comme un déterminant qui cristallisait tous les autres. Peut-être n'est-il pas inutile de revenir sur elle pour décortiquer un peu plus le phénomène. A la notion de mobilité, on associe un motif et une décision. L'individu *décide* d'aller *vers* un autre lieu *pour* faire quelque chose, ou bien *parce que* certains faits donnés offrent des raisons suffisantes pour faire le voyage. Motif et décision apparaissent alors comme deux éléments d'une même *situation* : le premier est la situation comme fait, le second la situation assumée. En décidant de faire un voyage, l'individu valide un motif et assume une situation. Dans la décision se dissimulent à la fois la liberté et les contraintes.

Revenons à notre paysan algérien qui décide de s'exiler en France et réfléchissons un instant sur le parce que..., le pour... et le vers... de son voyage qu'il va assumer. Qui est-il ce paysan ? Un homme qui a une conscience, une histoire personnelle, et qui évolue dans un système qui le contraint dans ses actes. Il migre *parce qu'*il considère que sa mobilité peut améliorer sa situation et celle de sa famille. Il migre *pour* aller échanger sa force de travail contre un salaire. Cet homme peut assumer sa libre décision de partir parce qu'il a fait un calcul et qu'il s'est donné des garanties de réussite dans son projet. Le calcul repose sur une comparaison : d'un côté, les inconvénients qualitatifs, psychoaffectifs, l'éloignement de sa famille et de son cadre de vie, de l'autre, les avantages pécuniaires au bout du voyage : un salaire. Si on regarde bien l'opération, on constate qu'elle repose sur des paramètres qualitatifs et quantitatifs que seul le migrant est capable de mettre en vis-à-vis pour les résoudre. La conscience qu'il a de sa situation et de la place qu'il veut occuper dans le monde qui l'entoure est primordiale dans cette visée d'action. Les contraintes qui le fixent à son milieu affectif sont filtrées par la représentation qu'il se fait de l'ailleurs.

L'individu calcule, puis décide. Il décide avec une probabilité de réussite indéterminée. C'est pour cela qu'il se donne des garanties pour l'accomplissement de sa mission. Pour le paysan algérien, il s'agissait avant tout de s'assurer que sa famille restée au pays pourrait continuer de subvenir à ses besoins vitaux élémentaires. Les systèmes de solidarité et d'entraide familiales, tribales, villageoises remplissaient cette fonction ; de même que les mandats-postes envoyés tous les mois. Ils faisaient vivre, souvent, bien plus que les seuls femme et enfants du migrant. Ensuite, une autre garantie consistait à ne jamais dissocier le projet du retour de celui du départ, condition *sine qua non* de la migration. On partait, bien sûr, mais seulement pour mieux revenir, c'est-à-dire plus riche et plus libre. Et pour être plus riche, il fallait se tenir à une vie stricte en France ; par tous les moyens, dégager un volume suffisant d'économies pour construire les bases du retour. Le paysan définissait ses places et ses repères dans la France métropolitaine en fonction du parce que... et du pour... qui avaient motivé sa mobilité : pas de confort, pas de consommation superflue...

Enfin, dernière garantie de réussite du voyage : le paysan ne partait pas à l'aventure comme ces marins du XVIIe siècle qui hissaient leurs voiles vers l'inconnu. Il se dirigeait vers un lieu déjà exploré par ses pairs qui, quelques années auparavant, avaient quitté son village. Les grandes villes industrielles de la France métropolitaine étaient des destinations privilégiées. De ce côté-ci de la Méditerranée, des systèmes d'entraide et de solidarité « comme là-bas », assuraient la viabilité de la mobilité : le paysan logeait dans un garni, un bidonville, avec plusieurs autres « cousins » de son village qui le prenaient en charge pendant sa phase d'adaptation. On lui procurait un travail par simple introduction auprès d'un patron. Sécurité affective et matérielle, réseaux d'entraide dans lesquels le projet du retour s'auto-entretenait collectivement : le paysan dont nous suivons l'itinéraire n'était donc pas un aventurier. D'autres avant lui avaient tracé des cartes, identifié des récifs et les voies les plus rapides pour arriver au bout du voyage. Et si l'on se prend à remonter la filière des migrations jusqu'au premier pionnier, on découvre l'ampleur phénoménale de la brèche qu'il a ouverte sans le savoir...

Dans tous les cas en effet, les pionniers sont de véritables déclencheurs de changement social, des perturbateurs ; ils polarisent, balisent les représentations de ceux qui restent. Ils cartographient des espaces socialement accessibles, des espaces susceptibles d'être appropriés collectivement, où l'individu est connu et reconnu ; en somme où sa vie a un sens.

Lorsque les uns partent les autres suivent

Au tout début, quelques pionniers partirent à la conquête de l'Ouest américain, terre sauvage et vierge si « l'on néglige les Indiens »... puis naquirent la Californie et les Californiens. Les grandes découvertes territoriales de l'histoire par les pionniers, rendues possibles par l'amélioration des moyens de transport, soulèvent, entre autres questions, le rôle fantastique de ceux qui décidèrent un jour de *faire le pas*. Cette formulation désigne le risque, l'incertitude, l'insécurité puis les échos du voyage de ceux qui se sont lancés vers un ailleurs inconnu. A un moment donné de l'histoire de l'immigration maghrébine, alors que les travailleurs partis seuls quelques années auparavant maintenaient encore intact le projet du retour, on assiste au regroupement familial. Ce passage prend une profonde signification. Il est le début d'un réancrage, au moins de tous les enfants qui vont naître sur le territoire d'accueil. Les premières familles partirent des villages et vinrent s'installer dans les bidonvilles de la métropole. Et d'autres suivirent, concevant à leur tour la possibilité de l'exil familial, puisque d'autres l'avaient fait avant eux.

Il ne faut pas oublier que la très grande majorité de ces ruraux émigrés étaient analphabètes. Cela aide à saisir le rôle crucial joué par les réseaux dans le processus de mobilité. En témoigne le fait que, dans les villes françaises, les immigrés algériens se sont souvent regroupés selon leur région ou leur village d'origine.

Les bidonvilles jouèrent une fonction de sas, assurant le temps d'adaptation à la nouvelle vie, dans un milieu protégé, pour toutes les familles qui avaient fait le pas. Le passage du village natal au bidonville de la métropole contenait une forte idée de risque, de peur pour les familles, mais tous ces facteurs étaient contrebalancés par l'existence du sas, là-bas, à l'autre bout du voyage. Aujourd'hui, les bidonvilles ont disparu du paysage français. Les familles immigrées qui les habitaient ne sont pas retournées au pays. L'une après l'autre, elles se sont tournées vers les logements HLM. Quand les premières sont parties, la démonstration était là encore faite que l'on pouvait sortir et vivre hors du sas. Les autres suivirent. Elles se dispersèrent dans les ZUP nouvellement construites. Les bidonvilles avaient fini de jouer leur rôle.

En fin de compte, on constate que le regroupement familial a provoqué plusieurs types de mobilité. D'abord, plus que la simple famille nucléaire, c'est parfois la famille élargie qui a entrepris le déplacement. Le travailleur en France qui a induit ce déplacement familial a, du même coup, quitté son milieu de travailleurs immigrés en garnis, pour aller s'installer dans un logement propice à la vie familiale, surtout à la présence des femmes. Le bidonville était la forme la plus courante de l'habitat familial immigré en métropole. Reconstitution avec les moyens du bord du village et du monde originels, ce type d'habitat allait finalement devenir un obstacle à l'autonomie de la famille, une autonomie nouvellement recherchée. Beaucoup allèrent définir une nouvelle présence et de nouveaux repères dans les HLM.

Mais très peu de familles mirent en application leur projet de retour au pays, comme si le passage du sas de décompression avait atténué l'insécurité de la mobilité. Le regroupement familial altérait déjà sensiblement le projet retour. Il améliorait le résultat de l'opération que le paysan avait faite avant de partir, puisque le problème de l'éloignement psychoaffectif par rapport à sa famille ne se posait plus. En France, les conditions de vie matérielle étaient meilleures, les enfants pouvaient aller à l'école, la famille était désormais réunie et une certaine stabilité s'instaurait. L'espace était apprivoisé, les repères délimités et l'angoisse maîtrisée.

Telle est l'histoire de nos propres familles. Elle éclaire les processus que contient en amont et en aval le phénomène de mobilité. Les mouvements d'hommes puis de groupes humains d'un *pôle* à un autre soulignent avec force le rôle des pionniers dans la définition et la représentation des espaces sociaux. Plus que les mouvements physiques, les mobilités expriment des transitions entre deux situations. Elles sont génératrices de changements, plus ou moins rapides, mais inéluctables. Elles posent la question de la résistance des milieux d'origine et d'accueil, parce que les mouvements d'hommes déstabilisent des communautés, donc des identités. A travers la trajectoire du paysan algérien que nous avons suivie, nous voyons bien comment une instabilité passagère est indissociable de la recherche d'une nouvelle stabilité, comment la sédentarité ne peut être analysée hors de la mobilité. Nous voyons bien aussi que ce qui est en jeu, c'est la capacité, le savoir-faire des individus et des groupes à définir leur place dans l'espace, à trouver un équilibre entre leur situation objective et la représentation qu'ils s'en font.

Le kharidj ou le dehors est d'or

Celui qui part ne revient jamais comme « il était avant », même s'il est parti momentanément. Car lorsqu'il « rentre », c'est avec un regard nouveau, une façon de voir nouvelle, une autre expérience du temps. C'est cette idée que rappellent les expressions « aller voir ailleurs », « aller prendre l'air » ou « se changer les idées ». Le déplacement du corps modifie l'angle du regard. On comprend bien dans cette optique pourquoi les ressortissants des pays de l'Est par exemple se voyaient jusqu'à récemment interdire l'accès à l'Ouest. Car le voyage a un pouvoir déstabilisant. Il déforme et reforme. Il conduit à une réorganisation psychologique de la personnalité de celui qui part. Réorganisation qui peut être enrichissante quand elle contribue au développement de l'autonomie de l'individu mais qui peut aussi devenir aliénante quand la synthèse des différents apports s'avère impossible, quand le choc est trop brutal. De quoi vont en fait dépendre ces réactions ? Surtout des capacités de l'individu et de celles du milieu d'où il part et de celui où il arrive à juguler la peur de la différence. Car, lorsqu'on regarde bien l'opération, le changement chez l'individu qui bouge met en jeu deux processus :

– le premier que l'on pourrait appeler « de deuil ». Il s'agit d'un désinvestissement partiel d'un univers de fonctionnement mental et relationnel pour un réinvestissement dans un autre univers. C'est ce report énergétique qui décide du rapport d'adaptation du migrant avec son nouveau milieu. On pourrait faire remarquer ici que ce processus de deuil obligé semble de moins en moins accepté dans certains milieux immigrés, peutêtre au nom de la philosophie du « vivre avec nos différences ». Ce débat sur le foulard et l'école laïque le prouve aujourd'hui. Il n'est plus question pour les intégristes musulmans par exemple de négocier quoi que ce soit à propos de l'islam en France. Au nom d'Allah. Plus question de désinvestissement, de deuil d'une partie de soi-même. C'est l'affrontement à propos des différences. Nous avons là affaire à une situation de résistance aux changements, et de la plus tenace : la fixation sur l'élément religieux déplace la problématique du plan individuel sur un plan plus universel et dispense ainsi l'individu de la tâche du travail du deuil personnel. Une bonne partie de l'ambiguïté qui règne dans le débat sur la laïcité résulte de cette confusion des deux plans ;

– le second complète le premier. C'est le processus de régénération. Il consiste en un travail de réinterprétation des différents éléments psychoculturels qui font la vie quotidienne dans le milieu d'accueil. Il s'agit là d'un travail de truchement qui donne avec le temps

cette allure au migrant de n'être déjà plus une simple
réplique de « là-bas » sans jamais être tout à fait une
simple réplique d'« ici » : l'allure d'être toujours un passager. Immigré ici, comme indésirable ou instable, et
« facancier » là-bas comme le F de France sur la plaque
d'immatriculation de la voiture qu'il ramène au pays
pendant le mois d'août.

Pendant un temps, le voyage fait du voyageur un
passager de toujours. Même s'il a cessé de bouger,
l'immigré porte sur lui le souvenir du temps de sa migration.

Ce qui se cache au sein de ce processus de changement, c'est en fait une histoire invisible d'identification.
Derrière la scène de la mobilité du migrant, de la distance de son voyage entre là-bas et ici, il y a une autre
coulisse qui les télescope. Elle s'exprime pour le voyageur maghrébin par le mot *kharidj* (en arabe, le dehors). Un terme qui désigne dans le langage commun
l'étranger, essentiellement la France, l'étranger le plus
connu, le plus proche. Le kharidj décrit un lieu fantasmatique, un miroir qui fascine par sa toute-puissance.
Ce lieu est d'abord intériorisé comme idéal de réussite,
ensuite il est projeté dans un espace imaginaire où
l'admiration de soi-même trouve un terrain d'expression magnifié. De ce va-et-vient fascinatoire et imaginaire naît un puissant fantasme : acquérir la préroga-
tive de jouir du statut de citoyen du kharidj, par-
tager sa toute-puissance par le simple fait de se trouver physiquement « dedans ». En somme, ce fantasme
d'identification consiste à se chercher une place
« dedans le dehors ». C'est lui qui alimente le mythe du
kharidj. Et cette illusion est souvent maintenue intacte
quand le sujet se situe dans le cœur même de la réalité
frustrante, au prix d'un autre clivage entre ce qui
relève du bon et du mauvais kharidj, et qu'exprime

naïvement ce propos souvent tenu : « Les Français
racistes ne sont pas de vrais Français. »

Voilà l'univers caché, fantasmatique, qui a conduit et
qui conduit toujours le Maghrébin vers la France. La
force de ce fantasme est d'autant plus amplifiée que
son énergie agit dans les deux sens. Quand on est sur
une rive du voyage, c'est toujours l'autre qu'on regarde
avec fascination. *« The grass is always green on the
other side »*, dit un proverbe anglais. Pour l'immigré en
France, c'est ainsi souvent le pays quitté qui devient
l'objet magnifié, le Paradis perdu qu'il faut reconquérir,
l'espace qu'il faut réinvestir avec la magie de la puis-
sance que confère le kharidj : l'argent et son pouvoir.
Parfois le savoir, pour les enfants : avec un bon métier
ils rentreront au pays et la vie sera plus douce. C'est
comme ça qu'il faut comprendre nos parents qui, de
retour de vacances au pays, répondent « tout va très
bien chez nous, *al'hamdoullah !* » quand leurs enfants
leur demandent comment c'était. C'est toujours bien.
Ce sera toujours bien.

Au cœur de ce fantasme du kharidj, il en est un autre
plus radical et plus culpabilisant. De ce fait plus résis-
tant à toute représentation consciente : c'est le fantasme du changement des attaches filiales. Il s'inscrit
doublement dans l'imaginaire de la migration, en tant
que rupture avec les attaches culturelles d'origine et en
tant que tentative d'adoption d'une nouvelle famille
culturelle. Entre le dedans et le dehors il y a la frontière de la lignée filiale. Le degré d'intensité de ce fantasme dépend du degré d'investissement dans le nouveau groupe et varie selon que l'on a affaire à une
simple présence fonctionnelle dans le pays d'accueil,
une assimilation totale ou à des conduites intermé-
diaires comme le mariage mixte. La question des
attaches filiales au cœur de l'imaginaire de la mobilité

se pose avec le plus d'acuité à la naissance des enfants sur le territoire de transit. A cet égard, ceux que l'on appelle « la seconde génération », on pourrait très bien les appeler « la seconde régénération » des parents à travers eux. Les enfants ancrent en effet leurs parents dans leur « identité d'immigrés » en désorganisant complètement leur échelle du temps, leur plan de vie. Chaque naissance repousse le projet de retour à plus tard, un peu plus loin. Le momentané glisse jour après jour dans le définitif. L'expérience migratoire du père, d'une parenthèse destinée depuis le départ à être refermée, se voit rebondir et basculer dans un réenracinement peut-être sans clôture. Le problème surgira lorsque le migrant essaiera de faire vivre son fantasme coûte que coûte à travers la naissance de ses enfants. Pour l'un et pour les autres, les mythes ne sont plus placés sur la même géographie.

3. Les moments des écarts entre parents et enfants

Entre les parents et les enfants d'immigrés maghrébins, il est une mobilité dont on commence seulement à mesurer le travail d'écartèlement et de transformation. Jusque-là, les discours sur les immigrés suivaient deux tendances : soit ils englobaient toute cette population dans le même sac (cul-de-sac !) par une différence aveugle, soit, plus récemment, les diluaient dans une approche volontariste au nom d'un idéal de l'interculturel. Il ne s'agit pas ici de critiquer les différentes démarches qui se réclament de l'interculturel. Notre propre pratique sur ce thème nous a fait mesurer ses grandes potentialités au niveau pédagogique, par exemple. Mais nous nous méfions également des dérapages illusoires auxquels il donne souvent lieu quand il scotomise au lieu de révéler les failles dans la scène interculturelle. Notre but consiste plus précisément à nous arrêter sur cet espace critique entre les parents et les enfants, qui est le lieu d'une redéfinition de ce qui est transmis des uns aux autres. C'est là le lieu et le temps d'une articulation qui établit une continuité (la continuité filiale symbolisée par le nom) là où le vécu et l'expérience instaurent une rupture dans les modes de vie, les façons de se positionner par rapport à la double référence identitaire des pays d'origine et d'adoption.

Le centre et les banlieues de l'identité

Le sentiment d'identité du migrant adulte s'est formé dans l'histoire du groupe ethnique qu'il a quitté. Ses coordonnées sociales et spatiales dans la société d'accueil se sont instituées en fonction de ce premier moment. Bien sûr, de nouvelles identifications dans le nouvel environnement de vie apparaissent, mais généralement elles s'aménagent sur des zones périphériques de la personnalité. Cela permet un réajustement des conduites de l'individu sans bouleversement radical du noyau identitaire de base qui reproduit le sentiment de se sentir toujours soi-même. On assiste en fait rarement à une brutale conversion identitaire chez l'adulte migrant. Le travail d'adaptation consiste plutôt en un tri entre ce qui ne doit pas changer sous peine de perdre son intégrité psychologique et ce qui est éventuellement négociable. Dans la personnalité, il faut donc considérer un noyau dur et des périphéries flexibles. Le compromis atteint par ce travail permet la fonctionnalité dans le nouveau milieu. Sur plusieurs plans de la vie quotidienne on voit apparaître la traduction de ce schéma :

– au niveau de la langue, par exemple, nous n'avons pas souvent affaire avec les migrants adultes à un véritable investissement de la langue française, chez les femmes encore moins que chez les hommes. La flexibilité joue ici par l'acquisition du strict minimum pour communiquer sans trop de malentendus;

– au niveau de la façon de vivre l'espace : un espace intime qui tente de reproduire le style de vie premier (chez soi ou dans certains quartiers) et puis l'espace de l'étrangeté qui bénéficie d'un moindre investissement (à Lyon, seul un pont sur le Rhône sépare le quartier de la place du Pont du centre-ville, la place Bellecour. Mais c'est un pont qui sépare deux mondes plus qu'il ne les relie).

Une idée forte apparaît ici. Si le migrant, dans l'espace socio-économique, se trouve en situation de participation dans la société d'accueil, dans l'espace symbolique, identitaire, il est surtout en situation d'*insularisation*. En un mot, le migrant est un être socio-économiquement d'ici et psychobiographiquement d'ailleurs.

Le rapport à l'espace des enfants est évidemment tout autre. Ils sont sujets dès leur plus jeune âge à une double aimantation identificatoire : celle de leur famille et celle des institutions sociales (école, télévision...), deux foyers de référence emboîtés l'un dans l'autre mais qui ne parlent pas les mêmes langages, qui sont souvent problématiques.

Culture en miettes

Qu'est-ce qui est véritablement transmis par les parents, qu'on appelle communément culture ? Des précisions méritent d'être apportées pour bien poser cette question.

D'abord, au sens plein du terme, c'est-à-dire en tant que style de vie et non seulement en tant qu'un certain nombre de traits ou de contenus culturels, une culture ne se transmet pas par la médiation d'un seul canal ou d'un seul type de relations, fût-il celui privilégié des parents. C'est bien l'ensemble des canaux et des institutions qui définit l'appartenance à un groupe culturel qui sert de support à cette transmission. En situation d'immigration, tel n'est pas le cas.

Ensuite, la transmission de ce style ne tient pas souvent compte de la part des parents de leur condition de migrants : elle ne pallie pas cette condition par l'organisation d'un apprentissage conséquent, d'une pédagogie claire et précise de la transmission. Le plus couramment, celle-ci se fait de manière aléatoire, simplement parce que les parents ont gardé leur style de vie premier.

Enfin, à partir du moment où l'enfant s'est mis en contact avec l'extérieur, le noyau identificatoire parental ne fait pas le poids face à celui plus massif de la société et des institutions où l'enfant est appelé à vivre. La mobilité des enfants pervertit les projets de transmission culturelle des parents. Manière de dire que le noyau dur qui forge l'identité des uns ne peut plus être le même que celui des autres. Ce schéma joue dans les deux sens, celui du désancrage total ou du réancrage exacerbé dans les valeurs originelles. Nous savons par exemple que le retour à l'islam de certains jeunes d'origine maghrébine amène les parents à « redécouvrir » les pratiques de leur religion.

Quel héritage reçoivent donc les enfants de leurs parents ? L'hypothèse que nous soutenons ici est qu'ils héritent moins d'*une* culture, d'un style ou d'une personnalité que de bribes ou de miettes éparses de contenus culturels : quelques « morceaux » ou réminiscences de l'origine, quelques images stéréotypées et des mots créolisés. Si l'on ajoute parfois à cela que cet héritage souffre d'une dévalorisation dans l'imaginaire et les discours de la société d'accueil, on mesure l'ambiguïté du mot culture maghrébine quand on le conjugue avec enfants d'immigrés.

Ce processus de modulation-démodulation culturelle ne signifie pas pour autant que les références aux origines parentales n'accomplissent pas un travail psychologique sur l'identification des enfants. Ils héritent, à notre sens, non d'une culture ou d'un style culturel, mais d'un *mythe culturel.*

Le véritable noyau qui va forger le style identitaire des enfants est celui de la société d'ici. Mais pas non plus de façon simple ni harmonieuse. Le message que cette société leur adresse est souvent paradoxal : attraction et relégation dans les périphéries (spatiales des banlieues, scolaires des filiales spécialisées, judiciaires des dites bavures...). C'est ainsi que, et de façon quasi institutionnelle, on forge des identités marginales.

Terre promise et terre compromise

Par rapport à la double référence culturelle, la distance des parents et des enfants n'est donc pas la même. Les uns et les autres supportent différemment l'empreinte de l'origine. Les parents vivent la culture d'origine comme une *histoire.* Elle est la mémoire, le stock de sens à partir duquel ils déchiffrent et comprennent le monde actuel, y compris celui de leur exil. En revanche, les enfants sont inscrits en décalage par rapport à cet espace originel. L'histoire de leur vision du monde puise ses sources dans les périphéries de leur espace de vie quotidien. Cette histoire est contem-

poraine. La culture de leurs parents fait déjà partie de
la « préhistoire ». Elle s'est instituée en mythe des origines. Et ce mythe, il leur faut constamment le recréer
à partir des représentations, des mots des parents. Ils
ont besoin de cette reconstitution pour en faire une
valeur de négociation de leur identité marginale.
Autrement dit, et pour employer une métaphore justement mythique, la terre-origine revêt dans l'imaginaire
parental les allures d'une terre promise, une terre quit-
tée à reconquérir avec la toute-puissance magique de
l'argent. Mais, pour les enfants, cette terre est une
terre compromise, une sorte d'île ou d'enclave souvent
déconnectée dans leur imaginaire du reste du continent
de leur vie quotidienne. L'image de l'insularisation
réapparaît sur une autre rive de notre analyse... C'est
d'abord pour eux une terre-discours, une terre-mythe
dont la fonction essentielle est de soutenir une contre-
représentation valorisée face aux représentations néga-
tives que leur renvoie la société.

Deux territoires de naissance, deux regards sur l'espace : pour les parents, la culture d'origine est un « dedans », une expérience vécue de l'intérieur. Ils « sont
(de) cette culture ». Pour leurs enfants, cette culture est
un dedans insularisé ou extériorisé qui devient objet de
connaissance : « Ils ont cette culture. » Ils auront souvent besoin d'une expérience supplémentaire d'apprentissage de la langue, de la religion, du pays... pour
mieux s'approprier cette culture lorsqu'ils le désire-
ront.

Mythe ou illusion ?

L'idée du mythe que nous évoquons ne revêt pas de
caractère péjoratif. Nous l'entendons au sens où toute
origine trouve en lui son fondement, l'assise symbo-

lique qui la rend à son tour fondatrice d'une identité. Certes, cette position mythique se réfère dans ce cas à une réalité proche, celle des pays d'émigration et celle des parents qui en véhiculent les valeurs. Et toute la difficulté vient de ce rapprochement qui devient bien souvent confusion : confusion entre le mythe et l'histoire. Là, le mythe glisse vers un autre de ses sens : l'illusion. Quand la question de l'origine ponctue les discours sur les enfants de migrants en voulant leur signifier une définition d'eux-mêmes, divergente de celle où ils sont immergés ici et maintenant, quand cette définition s'impose comme l'unique référence à travers laquelle on les appréhende, quand cette référence dit la réalité lointaine telle qu'elle existe ailleurs, on entre alors dans une situation complexe de scotomisation, d'illusion, voire de perversion : celle de définir quelqu'un présent en face de soi, non par la relation que l'on a avec lui dans cette présence, mais par un référent absent.

« Toi y'en a d'où ? Tananarive ou Tamatave ? » demandait Fernand Raynaud, dans un de ses fameux sketches, à un Noir entré dans un bar pour boire un « petit noir ». Le Noir en question était professeur de français à l'université de Genève.

Nous, les enfants d'immigrés maghrébins, nous ne sommes pas noirs, mais on nous pose aussi souvent cette question fatidique :

– D'où tu es, toi ?

Alors nous répondons :

– De Lyon !

Généralement, ce type de réponse fait sourire. On ne l'attendait pas.

– Non, je veux dire, de là-bas ?

Alors nous sommes obligés de préciser :

– Ah, mes parents, tu veux dire ?

– Oui.

– D'Algérie. De Sétif.

Dans ce type de dialogue, l'Origine sert moins à fonder pour comprendre qu'à marquer une limite entre moi et l'autre, une frontière au-delà de laquelle je le situe comme impensable, étrange, hors la loi. Cette délimitation assigne un « lieu » qui est en fait un hors-lieu, à celui qui interroge ou peut déranger mon regard. Ériger la référence à l'Origine comme seul argument explicatif est une démarche dénégatrice : elle déplace le lieu et l'objet de la vision pour occulter les évolutions et les changements qu'elles entraînent. Elle est commune à tous : aux parents immigrés maghrébins vis-à-vis de leurs enfants, à la société française par rapport à ses « étrangers », « nous » par rapport à « eux ». Son effet pervers est d'enfermer l'autre dans une image factice de lui-même, de l'acculer à ne pouvoir se vivre comme créateur de sa propre identité à partir de ses propres choix et références.

DEUXIÈME CHAPITRE

Les distances de vie
des parents

1. L'œil du territoire

Un jour du mois d'août, à Tunis, nous avons rencontré Ali, un ancien camarade d'université. Après avoir terminé ses études à Lyon, il est retourné vivre en Tunisie. A ses yeux, ce qui avait le plus changé depuis son retour, c'était la façon dont il se sentait dans les rues de Tunis : en sécurité, libéré de la fixation du regard des autres, des gens différents, des Français. Il pouvait marcher librement dans les rues avec à la fois ce sentiment d'anonymat et de présence. Il était lui-même, au milieu de ses semblables. C'est comme s'il retrouvait l'usage de son corps. Il pouvait enfiler une gandoura sans choquer quiconque, sans faire rire ou rougir. Mais tout n'était pas rose. Ainsi, à Tunis, en plein mois de ramadan, il s'abstenait de manger en public, lui qui ne respectait pas le rite du jeûne, alors qu'à Lyon il était dégagé de ces obligations sociales.

La conversation nous avait alors fortement marqués. Être chez soi, se sentir bien, percevoir un sentiment de sécurité, avoir l'impression qu'on existe, qu'on compte pour quelque chose : c'est cela être intégré. Une question de sensation, de perception, de lecture du regard des autres.

Lorsque l'on parle de l'intégration d'un groupe de

population dans une société, on ne peut pas faire abstraction du rôle médiateur fondamental que joue l'œil dans la communication. Demandez à un immigré ou à un « considéré comme tel » comment il perçoit le racisme au quotidien : « Ça se sent dans les yeux », vous dira-t-il. Cette référence à l'œil n'est pas anodine. Dès que l'on sort de chez soi, en effet, on se soumet et on s'expose au regard normatif des « gens d'ici ». Voilà ce que nous entendons lorsque nous disons que la mobilité conduit à redéfinir « ce que je suis », le « chez-soi ».

Le « chez-soi » c'est plus que les murs du foyer qui nous isolent du monde extérieur. Il peut s'étendre bien au-delà, selon la propension de l'individu à s'approprier un espace plus ou moins large : le quartier, le pays, la rue... Ce qui compte, c'est qu'un espace soit « aménagé » et devienne un lieu approprié. L'expression commune « on n'est plus chez soi » éclaire bien cet aspect de propriété, de priorité. Elle appelle l'idée d'un conflit qui prend la forme d'une effraction, d'un viol.

Ainsi, émigrer c'est partir de chez soi pour aller s'installer dans un autre lieu qui est le chez-soi de l'autre. Quand bien même l'immigré voudrait paraître comme quelqu'un d'ici, si l'œil de l'autre le renvoie à l'ailleurs, la différence générera un conflit. Le regard, paramètre incontournable de la sociologie de la grande ville, s'intercale derechef entre intégration et immigré. Ahmed et Mustapha, deux jeunes natifs de Lyon, sont partis faire leur vie, l'un à Paris, l'autre à New York. Ils disent que, dans ces villes, il n'y a que des immigrés et qu'ils ne détonnent pas dans les mosaïques de leurs habitants. Ils reviennent à Lyon de temps en temps, pour voir leur famille. Mais ils sont définitivement déracinés de cette ville où ils sont nés.

Être immigré, c'est donc aussi être désigné comme

tel par celui qui se réclame du terroir et qui voit dans la présence de l'autre une atteinte à son être. C'est comme si l'autre, en entrant dans son espace, était entré dans sa vie, dans son corps. Être immigré c'est renvoyer une image différente qui peut servir d'argument aux discours peureux : « les étrangers aiment rester ensemble ; ils veulent vivre ensemble dans leurs ghettos... » ; autrement dit, l'étranger est celui qui ne veut pas se plier à la norme, celui qui veut voir sans se laisser voir, celui qui veut prendre sans donner. Avec des mots d'actualité, l'immigré vient prendre nos filles et nos femmes tout en voilant et en enfermant les siennes : échange inégal que beaucoup, adeptes de la purification de la France, dénoncent.

La marque du masque

La visibilité est une caractéristique importante du vécu de la migration. *A fortiori* chez celui qui porte la marque physique de la « migritude ». Ce signe qui le distingue extérieurement l'expose d'emblée comme quelque chose qui capte le regard. Il renvoie une image différente. La présence de cet immigré transforme ainsi l'espace en un gigantesque miroir, un terrain de jeu de regards où l'« homogène » et l'« allogène » (si l'on peut se permettre d'écrire cela sans gêne...) se renvoient la balle ou l'image parfois explosive qui va révéler à chacun sa différence. Dans ce jeu de reflets, l'un et l'autre subissent une « inquiétante étrangeté » intime. Tel est le ballet imaginaire qu'anime la différence dans le champ visuel : l'autre, et surtout l'autre qui est à la fois si proche et lointain, semblable et différent, éveille une gêne. Cette gêne poussera à faire de la « petite différence » une grande distance imaginaire.

Qu'ont en commun un Algérien, un Marocain, un Espagnol, un Français? Des différences! Ce serait là la réponse de tout citoyen moderne de ces quatre classes d'identité. Des différences à quel niveau? Et là, déjà, les frontières deviennent floues selon que l'on parle de la langue, de la religion, de la couleur de la peau, des dialectes, des structures familiales, du code de l'honneur... les frontières bougent mais elles dessinent tout de même une continuité, la Méditerranée: elle a tissé au cours des temps des liens complexes entre les différentes rives qui la bordent. Que l'on retienne seulement l'histoire des rives Nord et Sud de l'Occident méditerranéen (le mot Maghreb signifie du reste Occident) et l'on s'aperçoit que c'est l'histoire d'une vieille passion de contacts, faite tour à tour d'admiration, d'agression et de rivalités. C'est sur cette histoire que viennent s'inscrire les migrations des hommes, éveillant périodiquement cette passion de l'autre.

Évidemment, le regard commun ne déchiffre pas cette histoire. La différence est d'abord perçue comme une fausse note, une fêlure dans le miroir. Une logique infernale agit alors pour l'enrayer et la faire disparaître. Le regard interpellé se défend ainsi contre la mobilité de l'Autre par une tentative d'immobilisation. Mais c'est une tentative vaine, car toute restriction qu'on essaie de lui imposer aboutit à l'éclosion d'une mobilité anarchique et agressive. «Pourquoi les immigrés délabrent-ils les lieux où ils habitent?» Question classique. Mais le prisonnier enfermé pour une faute qui n'en est pas une essaiera toujours de casser les murs de sa prison. Tout principe de seuil, de «réserve pour Indiens des temps modernes» pose la différence comme une erreur de la nature. Et celui qui se trouve placé à l'écart risque alors de vivre son être comme une honte. Ce piège le forcera à donner la preuve de la légitimité de son être, au regard d'une norme qui ne souffre aucun écart par rapport à elle-même. Pire, plus la preuve est donnée, plus elle prouve que l'autre devient de plus en plus semblable et plus sa proximité irrite le regard de son hôte forcé et l'indispose. Les phénomènes de rejet s'exacerbent proportionnellement aux processus d'intégration. Plus on se rapproche de la ligne de front, de l'interpénétration, et plus les bruits des canons deviennent assourdissants. Ce pourrait être ceux de la conjuration sacrificielle au cours de laquelle l'autre est envoyé au bûcher au nom de la collectivité des *nous*.

Ce type de vision formalisée est inscrite dans les discours sur la place des immigrés dans la société. Plus les « uns » se rendent compte que les « autres » sont en train de s'installer en France pour longtemps, qu'ils adoptent les styles de vie d'ici, envoient leurs enfants à l'école... et moins ils acceptent ce rapprochement qui est une réduction des écarts. Alors même que les immigrés sont en pleine phase d'intégration, certains chercheront à mettre en avant une série d'arguments destinés à résister à l'« invasion ». C'est parmi eux que se trouve l'idée du seuil de tolérance.

On a déjà beaucoup écrit pour critiquer cette vision simpliste et fausse. Mais elle a la peau dure. Aux yeux de certains responsables locaux, une présence trop importante des immigrés découragerait les classes moyennes légitimes de venir habiter des territoires sans identité fixe. A cause de l'insécurité, du bruit, des mœurs différentes, de l'école pour les enfants, des minarets qu'ils vont finir par réclamer un jour... Mais que l'on ne s'y trompe pas. L'idéologie du seuil de tolérance n'est pas dirigée à l'encontre des étrangers au sens de la nationalité. Dans les cités, il suffirait de remplacer 30 % d'immigrés par 30 % de bons Français...

musulmans, ou des DOM-TOM, ou encore handicapés physiques ou mentaux pour voir surgir à nouveau le spectre de l'intolérable.

En bref, la question que soulève le seuil de tolérance est intimement liée à une histoire du regard. En matière de logement, d'emploi, l'œil joue un rôle de premier ordre quand il est question de l'intégration de la différence dans la société française.

Toufik, alias *Djimi*, a vingt ans. Il habite à Saint-Fons dans la banlieue lyonnaise. Son visage ne porte aucune trace de l'origine algérienne de ses parents. Racisme ? Il n'a jamais connu. Mais il est souvent impliqué malgré lui dans des conversations où l'on dénonce entre « nous » l'invasion du pays par les Arabes. Ceux qui comme Toufik n'ont pas la « tête » témoigneront du rôle de l'œil dans la relation entre ceux qui sont *en voie d'intégration* et ceux qui sont *déjà* intégrés. Cette histoire de « look » a été très habilement exploitée par le réalisateur de *Pain et Chocolat* dans une scène où l'on voit Nino Manfredi, qui a teint ses cheveux en blond (suisse), assister à un match de football entre la Suisse et l'Italie et sauter de sa chaise lorsque la Squadra Azzurra marque un but. Découvert, il sort du café et brise son image contre un miroir. Ici, le héros qui essaie de se faire une place dans la société helvétique n'a pas hésité à opérer une métamorphose physique de son visage pour ressembler au type local. Parce que son réalisateur a su rendre dans toute leur force ces moments les plus vrais de l'immigration, *Pain et Chocolat* reste le film de référence sur la question.

Ce qu'il nous montre notamment, ce sont les différentes stratégies que peuvent mettre en œuvre des hommes qui émigrent dans des territoires nouveaux pour répondre aux exigences de leur nouvelle situation : se cacher un peu plus, ce que l'on pourra appeler l'« invisibilisation »; se montrer un peu plus en affirmant sa présence et en recherchant la confrontation : la « visibilisation ». Tel immigré pourra chercher à se détacher de sa communauté d'appartenance ou au contraire à renforcer ses liens avec elle. Cela dépendra du contexte où il habite, mais aussi de sa personnalité, donc de la façon dont il perçoit sa situation. Dès lors, du point de vue de la définition de ses places dans la société française, de l'intégration, un immigré n'est pas égal à un autre immigré. Un immigré plus un autre immigré ne constituent pas automatiquement une communauté d'immigrés. Les sociétés ne sauraient être réduites à des additions d'individus. Vue de l'intérieur, nous pouvons dire qu'en France il n'y a pas de communauté maghrébine. Il y a seulement des Maghrébins Il n'y a pas plus de communauté beur. Il y a des enfants d'immigrés maghrébins comme il y a une jeunesse française.

En somme, ce qui reste, c'est la vie, l'être-au-monde de l'homme. Et nous voyons alors que derrière chaque homme se cache un immigré, et que l'immigré est avant tout une conscience d'être, de pouvoir faire. Cette façon de voir permet de comprendre comment les uns et les autres apprécient les distances et les temps de leur vie sur terre.

Le temps du voyage sur terre

En effet, les hommes ont au moins cela en commun, ils vivent dans un espace et dans un temps donnés. Ils ont une conscience de leur corps et de la position qu'ils occupent dans l'espace-temps. L'immigré, comme tous les autres mortels, a conscience de l'espace où il vit et du temps qui s'y déroule. On pourrait même suggérer qu'il en a une conscience accrue puisque ces dimensions, l'espace et le temps, qui constituent le cadre de tout processus vital ne vont pas toujours de soi pour lui : il les interroge à tout moment. Le vécu de l'espace-temps de l'immigré est parasité par des dépôts, ceux d'un ailleurs. Ainsi, parler de l'intégration des immigrés, c'est chercher dans quel espace et dans quel temps ils vivent, car c'est là que se dessine la problématique identitaire dans le sens de l'adaptation ou de l'anatropisme.

Le vécu du temps est en soi un paradoxe : il est l'essence même de notre être, en même temps qu'il nous voue à la finitude et à la mort. Si tous les hommes sont mortels, chacun nie cette mort en s'installant dans une sorte d'intemporalité. A l'angoisse créée par l'idée de mourir un jour répond l'affirmation d'une présence au monde, d'une identité culturelle.

Cependant, aucune expérience de l'altérité n'est en soi mortelle. Bien au contraire, elle peut être l'occasion d'un nouvel élan ou d'une renaissance dans un processus vital nouveau. Dans cette perspective, on peut aussi bien s'interroger sur l'éventuelle spécificité du vécu du temps par les immigrés. Au-delà de ce qui est partageable par les membres d'un groupe, chacun élabore ses propres distances vis-à-vis des autres en fonction de son passé et des projets de son avenir ; autrement dit, en fonction de son temps personnel et du sens qu'il donne à sa mobilité. En plus, tout groupe migrant ne reste jamais identique à ce qu'il a été avant son départ. Ses membres subissent inévitablement les influences du temps qui passe et du nouveau milieu. Des écarts s'installent. Les Maghrébins des années cinquante-soixante ont consommé passivement ou activement des éléments de la culture française. Leurs enfants ont acquis des références, une langue, une histoire. Leurs aspirations sont d'une nature nouvelle. Les changements sont là. Visibles ou invisibles. Soit ils sont assumés et donnent lieu à des compromis, soit ils sont niés et rejetés. Ils deviennent alors source de conflits, dans les familles maghrébines comme dans la société française. A cet égard, souvent, les discours-scoop s'emparent de ces divergences entre enfants et parents pour parler des immigrés et de leurs spécificités. Djamila est amoureuse de Pierre, mais leurs parents ne veulent pas entendre parler de leur idylle... Et c'est à partir de ces images chocs que l'on présente le fossé des générations chez les immigrés, comme s'il n'existait pas ailleurs. Mais les choses sont toujours plus complexes que les mots qui les expriment. On distingue des générations différentes par exemple, mais elles ne se remplacent pas d'un seul coup. A chaque moment, les nouveaux venus vivent autrement l'espace-temps que ceux qui les ont précédés. Leurs mentalités, leurs représentations ne seront jamais tout à fait les mêmes que ceux de leurs aînés, fussent-ils les frères et les sœurs de la même génération filiale.

2. Bonjour, bonsoir !

« La suppression des distances n'apporte aucune proximité : car la proximité ne consiste pas dans le peu de distance », a écrit Martin Heidegger. De la même manière que le vécu du temps est une affaire personnelle, l'évaluation des distances qui nous séparent ou nous rapprochent des autres est aussi une affaire d'individus. Vouloir être intégré dans un espace, en l'occurrence la société française, relève avant tout de la décision personnelle. Quelles que soient les conditions dans lesquelles ils vivent ici, on trouvera des immigrés qui se sentiront dedans et d'autres dehors, d'autres

encore au milieu. Ce qui se passe autour de nous, chacun le ressent à sa manière. Cela est valable pour la
façon dont le musulman vit sa foi, interprète l'actualité
du foulard, considère sa situation d'immigré. Ce n'est
pas parce que les Mohamed sont voisins de palier avec
les Ramdam dans leur HLM qu'ils sont frères ou cousins. Mais cela n'empêche pas de rappeler que les
immigrés maghrébins qui sont venus en France après la
Seconde Guerre mondiale avaient presque tous dans
leurs bagages un même rêve : être en France, dans le
kharidj, c'était avoir du travail, de l'argent et du pouvoir. Ce rêve s'est transformé avec le temps. Une fois
dedans, les choses ont changé. On ne les voit plus forcément de la même façon que les autres. Les représentations de l'espace-temps que peut avoir un individu
déterminent largement l'usage qu'il fait de ces dimensions. S'interroger sur l'intégration des immigrés néces-
site des critères pour définir l'intégration.

Qu'est-ce que c'est pour vous être en France ? Ce
n'est pas parce qu'on est émigré qu'on a la même
réponse à cette question. Chacun va évoquer son
« point de vue », selon son statut socio-économique,
son sexe, son âge, son ancienneté en France, dans le
quartier, le nombre d'enfants, la psychologie personnelle... et ceux qui parlent de coalition machiavélique
des immigrés, de leur refus unanime de l'intégration, le
font à dessein politique ou par ignorance.

Plutôt que de demander à ces immigrés leur définition de l'intégration en France, on peut passer par
une autre voie : la ville. Parce que, avant d'être une
immigration vers la société française, les flux de travailleurs maghrébins ont été des voyages vers des
centres urbains industriels. Avec leur culture urbaine.
Mais comment parler de la ville avec des migrants pour
la plupart illettrés quand ce mot même n'est pas par-

lant? Alors nous leur avons demandé pourquoi ils
n'étaient pas allés habiter à la campagne quand ils sont
arrivés. A ce moment-là seulement on parle de la véritable intégration. Pour la majorité, la ville est le motif
et la destination de leur mobilité première parce
qu'elle est la mine, le gisement du pouvoir qu'ils sont
venus chercher. Chez les immigrés, la carte mentale de
la ville occidentale est d'abord une distance entre le
lieu où l'on habite et celui où l'on travaille. Moins la
distance entre ces deux pôles est importante et plus
l'immigré appréciera l'endroit où il habite. Il se sentira
intégré, c'est-à-dire à la bonne place, près du pouvoir:
l'usine.

Mais ce sont surtout les hommes qui établissent ce
type de carte de la bonne intégration. Ils disent: « Voilà, en fonction de ce que je suis venu chercher dans ce
pays, la bonne place. » Pour les femmes, ce n'est pas
pareil. Elles ont suivi. Pour elles, la bonne place c'est
habiter en ville, à proximité des équipements commer-
ciaux, des grands magasins. C'est aussi l'école pour les
enfants.

Pour les parents, ces topographies de l'intégration
traduisent une lecture très fonctionnelle de la présence
en ville. Pas fortuitement: rappelons-nous en effet les
motifs qui sont à l'origine de la décision de partir en
France. En Algérie, ils étaient ruraux et journaliers
pour la plupart d'entre eux. C'est un autre état qu'ils
allaient chercher dans la France urbaine. La ville des
loisirs, la ville « culturelle », ils ne connaissent pas.
Cinémas, restaurants... ces lieux ne font pas partie de
l'être-en-France de l'immigré que nous décrivons ici.
En quarante ans de vie en France, Bouzid n'a jamais
mis les pieds dans un restaurant!

Bouzid est quand même intégré. Il a un travail. Mais
les mots avec lesquels il parle de la ville changeraient

s'il était au chômage. Car celui qui a perdu son emploi a perdu sa raison d'être, celle de sa présence en France. Celui qui a perdu son travail est confronté à la fin effective de son projet. Celui qui a perdu son travail a perdu ses points de repère et n'a plus les moyens d'aller de l'avant. L'incapacité de s'affirmer au monde par le travail qu'on est venu chercher fait tomber un épais brouillard sur le futur. L'angoisse s'amplifie.

Les enfants deviennent le principal centre d'intérêt parce que ce sont eux qui doivent prendre le relais, eux qui doivent conduire l'existence de la famille. La présence du ménage en ville se justifie alors en référence à l'école. On retrouve encore ce critère dans le discours de pères de famille qui ne sont pas hostiles à l'idée d'habiter à la campagne, si cela permet de « vivre plus tranquille... loin des quartiers où les immigrés sont trop nombreux ». Une telle attitude peut surprendre. Pourtant elle existe bel et bien. Dans les logements sociaux des ZUP, des ménages maghrébins parlent de leur quartier en reprenant à leur compte l'idée de seuil de tolérance. Ils veulent fuir leur ZUP en demandant un relogement vers un espace moins marqué. Ils envoient leurs enfants dans des écoles privées. Ou encore ils vont loin le samedi, avec leur voiture, faire des achats. A chaque fois qu'ils le peuvent, ils fuient eux aussi la concentration, la « rouille ».

Dans les années soixante-dix, des hommes politiques de bonne conscience préconisaient de les « laisser vivre ensemble » au nom du droit à la différence. C'était en soi une généreuse idée, mais le problème c'est peut-être qu'ils n'en ont pas tous forcément envie. Ils ne désirent pas forcément vivre les uns à côté des autres du simple fait de leur même histoire migratoire. Car l'évidence est là : la famille maghrébine, comme toutes les autres, peut chercher à s'extraire, se différencier d'un milieu qu'elle perçoit négativement depuis sa position et selon les projets qu'elle s'est fixés. Cette fuite traduit une volonté de se démarquer spatialement et socialement de la communauté d'origine, lorsque les comportements des membres qui la composent ne correspondent plus à ceux que l'individu se définit pour lui-même. Il y a des jeunes des Minguettes qui ont fui le quartier de leur enfance parce qu'un jour ils en ont eu marre de tourner en rond autour des mêmes tours, des mêmes gens et des mêmes problèmes. Si vous les rencontrez à Paris, New York ou Fort-de-France, ils ne vous diront jamais « je suis parti parce qu'il y avait trop d'Arabes dans le quartier ». Ils vous diront certainement qu'ils en avaient assez du battage des Français autour des immigrés. Ils doivent bien rire aujourd'hui, ces jeunes exilés, à propos de l'affaire du foulard islamique. Mais à regarder l'actualité de plus près, le voile dévoile en fait la question du sexe dans l'espace culturel et physique maghrébin. Il cadre parfaitement à la problématique de l'œil dans la bataille de l'espace, à celle de l'histoire d'amour dans le processus d'intégration.

La sexualisation
de l'espace maghrébin

Musulmans, les Maghrébins cachent leurs filles et leurs femmes. C'est l'une des idées véhiculées par les discours sur les immigrés. Parents, frères, voire cousins empêchent les filles de la famille de sortir. Et quand ils ne peuvent faire autrement que de les laisser sortir, ils les placent sous haute surveillance, code de l'honneur oblige. Juste ou pas, cette question présente l'avantage de mettre l'accent sur le véritable enjeu psychologique dans la confrontation à la différence : celui de la *jouis-*

sance. L'autre est l'agent d'une jouissance dont je suis exclu sur une scène qui m'est interdite (et en plus il est chez moi !). Les Maghrébins jouissent de leurs femmes, mais pas nous. C'est sur ce point que les plans de la différence culturelle et sexuelle se rabattent l'un sur l'autre. Nous n'entreprendrons pas ici, sous cet angle, l'analyse de ce fait. Nous le signalons seulement comme une butée complexe où des vérités communément partagées se font l'écho d'un ancrage fantasmatique autrement difficile à élaborer. La question que nous posons est en deçà de cette butée : quelles sont les formes de mobilité ou d'immobilité des femmes immigrées maghrébines et de leurs filles ? Quand on cherche à justifier la volonté d'immobilisation et la jalousie dont semblent faire preuve les hommes maghrébins vis-à-vis de leurs femmes, on a recours à la religion et finalement au Coran. De ce fait, cette immobilisation devient à la fois un *a priori* déterminant et un particularisme culturel. Elle prend l'allure d'une intransigeance incompatible avec l'idée d'intégration selon laquelle quand on prend il faut aussi donner. Les immigrés musulmans sont donc enclins à un intégrisme naturel.

Prenons d'emblée un contre-exemple.

Brigitte est française. Elle vit depuis quelques années dans un pays d'Afrique noire où ses parents sont coopérants. Elle revient en France pour ses études universitaires et nous expose dans le cadre d'un cours le cas suivant : le directeur de l'établissement où ses parents enseignent est un Africain qui a fait ses études en France. Lors de son séjour d'études, il a épousé une Française et elle l'a accompagné dans son pays. L'intégration est douloureuse au sein de la communauté de son mari, mais elle l'est encore plus dans celle de ses *semblables*, les coopérants blancs qui vivent en cercle fermé. Elle est marginalisée et elle répond à cette exclusion par un comportement hautain et méprisant vis-à-vis de tout le monde, Noirs comme Blancs. Un cercle vicieux s'installe. On se pose la question : la relation du Blanc coopérant au Noir étant celle du maître à l'élève à l'école, du maître au *boy* à la maison ou du *toubab* au *black* dans la vie courante, une relation d'alliance par contre, fût-elle à un directeur, n'est-elle pas ressentie comme une trahison par l'ensemble de la communauté blanche ? Ce que nous cherchons à souligner ici, c'est que, en deçà de tout commandement religieux, une communauté qui se trouve minorisée au sein d'une autre ressent comme une menace les relations que peuvent contracter ses éléments féminins avec des membres de la majorité. Tout groupe culturel se réclamant d'une même origine donne ses femmes, et ce don peut être vécu comme une perte si un échange ne l'équilibre par un apport de femmes des autres communautés. C'est là que la loi musulmane intervient, mais seulement pour instituer un état de fait qui existe partout ailleurs.

Cette réserve apportée sur la spécificité de l'islam, revenons à la question de la mobilité des filles de parents immigrés maghrébins. D'abord, il faut signaler que toute culture codifie son espace par l'instauration de normes de comportement et d'appropriation. La culture maghrébine ne fait pas exception. La codification qui nous intéresse concerne la sexualisation de l'espace. L'espace maghrébin est sexué selon un principe de symbolisation universel : tout espace clos, délimitant un dedans, ressort d'un principe féminin (la maison, le foyer) ; la femme y est le véritable maître d'œuvre de l'aménagement. A l'opposé, dans tout espace du dehors règne le principe masculin ; l'homme y fait sa loi. Ceci est une représentation générale, le code minimal qu'ont élaboré plusieurs générations. La femme portait le voile pour sortir (ainsi elle se mettait « dehors » dans l'espace masculin) et l'homme se faisait discret quant il évoluait dedans (ainsi il restait à la marge dans l'espace féminin). Mais il va de soi que cette répartition géographique et sociale n'a jamais empêché l'exercice de la féminité dehors et celui de la masculinité dedans. Autrement dit, au-delà du code minimal qui régit l'espace, d'autres codes licites ou illicites viennent l'assouplir et le rendre vivable (codes de séduction, de respect, de transgression...). D'autre part, cette réglementation sociosexuelle de l'espace maghrébin est devenue, depuis quelques générations déjà, une sorte de représentation figée qui ne rend absolument pas compte du vécu de l'espace par les deux sexes aujourd'hui. Les stratégies discursives dans lesquelles elle s'inscrit encore, ethnologique, idéologique, nostalgique, semblent aveugles aux larges brèches qui se sont ouvertes depuis longtemps dans les murs de séparation des espaces sexués. Que ce soit à Alger, Casablanca ou Tunis, les nécessités économiques, historiques, ont placé les deux sexes dans des espaces tiers dans lesquels la réglementation sociale a complexifié ses critères traditionnels de sexe et d'âge par ceux du savoir et du savoir-faire concurrentiels, reléguant les anciennes représentations au rang d'un combat d'arrière-garde. En France, en trois semaines, c'est devenu un combat d'avant-garde.

Comment se pose aujourd'hui la question au sein de la population immigrée ?

A l'origine, l'immigration maghrébine a été essentiellement masculine et motivée par l'argent. Le regroupement familial, par la suite, a mis en scène la présence et le rôle des femmes dans le pays d'accueil. Sur ce registre, on peut relever un tronc commun à tous les ménages à propos de la place que doit occuper la femme. Mais au-delà de cette homogénéité qui n'apparaît que dans la vitrine des discours, de profondes différenciations apparaissent.

Celui qui garde la bouche close
ne risque pas d'avaler de mouche

Ce qu'il est convenu de dire à un enquêteur qui vient s'informer de la mobilité des femmes arabes dans les familles correspond aux représentations culturelles codées : dans la majorité des familles, la femme doit encore largement rester attachée aux activités du foyer. C'est une normalité : on ne va pas dire que sa femme n'est jamais à la maison, qu'elle court toujours les rues. Il faut se référer ici au droit musulman traditionnel pour rappeler que, dans les familles musulmanes, c'est l'homme qui est chargé d'assurer la survie économique du groupe. En conséquence, parler de « sortie » n'a pas de signification si on ne lui a pas auparavant associé une fin, un motif clairement déterminé. Chez les immigrés maghrébins, la femme sort pour réaliser une activité utile ou indispensable : elle va faire des courses, elle va régler les problèmes administratifs, elle va rendre visite à la famille et accompagner les enfants à l'école. Sortir pour sortir, pour prendre l'air, aller se promener ou tout simplement pour être ailleurs, c'est autant de temps perdu pour la marche du foyer. Comme si la promenade était synonyme d'errance, de vagabondage. La sortie illégitime présenterait même des risques de perversion pour la femme : « Celui qui garde la bouche close ne risque pas d'avaler de mouche », dit un père de famille... Les femmes elles-mêmes affirment cette normalité culturelle. Les coutumes arabes font encore partie de la représentation de la vie quotidienne, comme au bled où « les femmes ne vont pas perdre leur temps dans la rue ».

Voilà en tout cas ce qui est dit et ce qui doit être dit. Parler de la fréquentation des marchés, et les prises de position les plus véhémentes apparaissent chez les hommes comme chez les femmes. Car, par définition, le marché est un lieu pervers.

Qu'y a-t-il derrière ces affirmations de principe ? En réalité, le marché est le seul endroit où les femmes peuvent rencontrer des hommes pendant que les époux sont au travail. C'est le lieu de la promiscuité des corps entre les étals des forains, alors que la tradition veut qu'une barrière soit maintenue entre l'espace des hommes et celui des femmes. Il suffit cependant de déambuler un matin au marché des Gratte-ciel à Villeurbanne, celui de Cusset, des Minguettes, ceux des bords de Saône ou du Rhône pour le vérifier : hommes et femmes arabes discutent, marchandent, fouillent dans les amoncellements de vêtements et de chiffons. Les Maghrébins sont donc bien présents sur les marchés, hommes et femmes. Et pourtant, dans les discours, ce lieu est interdit... Tout se passe donc comme si les interlocuteurs avaient honte de constater qu'ils ont changé par rapport à ceux de là-bas ou bien par rapport à l'ancien temps. Mais en réalité, ils ont bel et bien été marqués par l'effet de la quotidienneté de la vie en France.

A chacun sa vie

A la recherche de la diversité des situations, nous arpentons les allées d'une cité de la périphérie lyonnaise et nous nous arrêtons sur les boîtes aux lettres qui portent des noms à consonance maghrébine. Il s'agit pour nous de livrer les contextes de vie qui font que les mots qui les évoquent ne peuvent pas être les mêmes chez les familles. Ici, nous sonnons. Derrière la porte close, une voix d'enfant nous répond qu'elle ne peut pas ouvrir parce que les parents sont partis faire des commissions et qu'ils ont fermé à double tour. Là, une jeune femme nous dit que son mari travaille, qu'il est plutôt moderne sur la question des sorties mais qu'elle a des enfants en bas âge qui limitent ses possibilités de sortie. Elle ne peut pas faire tout ce qu'elle voudrait. Ailleurs, une famille de quatre enfants qui survit grâce à l'assistance sociale depuis que le père est décédé il y a deux ans. La mère a une soixantaine d'années. Son mari était très dur avec elle. Alors, depuis qu'elle est arrivée à Lyon, elle n'a rien connu de la France. Elle dit qu'elle n'est en fait jamais sortie de son village des Aurès. Elle ne parle pas le français. Sa fille aînée s'occupe de tout. Et, parfois, des femmes arabes de son quartier viennent la chercher pour l'emmener au marché. Elle ne sort qu'à ces occasions. Plus loin, un couple de jeunes d'une trentaine d'années. Un enfant en bas âge. Aucune différence notoire par rapport à un ménage français sur la question de la mobilité. Ils ont une voiture ; elle travaille, comme lui. Dans cette autre famille, tout le monde est au chômage. Sortir ? avec quel argent ? Quand on n'a pas *les moyens*, on ne sort pas. On risque de se donner des envies inutilement.

Les conditions difficiles dans lesquelles vivent certaines familles expliquent beaucoup de choses sur les représentations de l'espace et sur la définition de ses places dans la société, l'intégration. Ici, rien ne spécifie les immigrés maghrébins par rapport aux autres catégories de population de même condition. Une autre famille. A la suite d'un accident de voiture, le père a perdu la vue. Il travaillait. Depuis, la femme et les enfants s'occupent de tout, même de lui. Ce sont eux

qui peuvent nous parler de mobilité. Les femmes
arabes ne sont pas toujours cloîtrées à la maison.
Quand les situations l'exigent, les contraintes culturelles s'effritent. Un autre appartement. La mère est
gravement malade. Les filles aînées compensent son
immobilité. Là, une mère s'occupe seule de ses cinq
enfants parce que son mari travaille à Paris. Elle se
débrouille comme elle peut. Analphabète.

Nous continuons notre tournée des boîtes aux lettres
et, toujours, des cas différents viennent s'ajouter les
uns aux autres. On nous sert le café et les pâtisseries
orientales alors que c'est nous qui devrions remercier
de l'accueil. On parle parfois arabe, parfois français,
parfois les deux. Nous traquons l'originalité des
familles maghrébines en matière de représentations de
l'espace-temps. Et si elle était tout simplement dans la
façon de nous accueillir, cette originalité ?

Nous parlons de la ville, et ces parents nous entraînent dans leur histoire, nous font dériver sur la France,
sur le Maghreb. On parle de politique, du service militaire des jeunes, de la nationalité, de la perte des
valeurs, de la montée de l'individualisme, des filles
arabes... Nous parlons de la ville, et les gens évoquent
leur vie, leur présence ici ou là-bas, simultanément au
passé, au présent et au futur. Ce sont bien les situations
particulières qui font le contenu de la vie quotidienne
de chacun.

La place du Pont dans le troisième arrondissement
de Lyon, à quelques centaines de mètres de la place
Bellecour. « Blace di Bou » pour les Maghrébins. Le
quartier arabe lyonnais. Petites ruelles pavées, immeubles dégradés, trottoirs étroits. Un quartier d'hommes.
Ici, on vient pour acheter de la viande hallal chez les
bouchers arabes, on va jouer aux dominos dans les
cafés, on va chez le coiffeur sétifien, les cassettes des

chanteurs arabes lancent des mélodies qui vous saisis-
sent dans la rue ; sur le seuil de leur boutique des com-
merçants juifs viennent interpeller les clients qui passent. On peut s'arranger sur les prix dans tous les
commerces. Chez Bahadourian, magasin d'alimentation
toujours bondé, les étals regorgent d'épices introu-
vables ailleurs. Des sociétés de service gérées par des
Maghrébins proposent des véhicules pour l'exportation
vers le Maghreb, détaxés et convoyés jusqu'à Marseille. Et devant l'entrée du Prisunic, tous les jours, des
hommes attendent debout, fument, discutent, échan-
gent des informations sur le pays. Quelques-uns tiennent sur leur bras un pantalon, une veste, un costume,
et passent d'un client à l'autre dans l'espoir d'une
vente.

En plein mois de ramadan, la place est encore plus
bondée qu'à l'accoutumée. On vient acheter pour
emporter ou consommer sur place des pâtisseries
chaudes, à la fin du jeûne de la journée. Devant le Prisunic, une file de taxis attend. Les chauffeurs sont
maghrébins. Histoire d'adapter l'offre à la demande.
La place du Pont respire un peu au rythme « du pays »
pour une partie de la population immigrée. Pour les
uns, c'est un lieu sain dans lequel, lorsqu'on est arabe,
on se sent bien au milieu des siens. Mais pour d'autres
Maghrébins, ce lieu est rejeté parce qu'il est jugé mal-
sain, c'est « Chicago », ou bien parce qu'on lui préfère
des commerces plus proches du lieu où l'on habite, ou
encore parce qu'on trouve plus simple d'aller faire ses
courses à Auchan ou chez Leclerc. Encore une fois,
nous recherchons toujours les points communs qui
pourraient caractériser une communauté de façon
homogène du point de vue de l'intégration : et nous
sommes contraints de parler de diversité. De toute
façon, la place du Pont c'est fini. Circulez ! On rénove.

Les plans du nouveau quartier sont fin prêts. Bureaux, habitations de standing, vitres teintées, métro. Un nouvel air va remplacer l'odeur de la *zalabia* et du *makroute*. Le dernier bastion des Maghrébins de Lyon se dilue dans les ambitions de la nouvelle cité internationale.

Il reste peut-être un point à souligner pour compléter l'intégration urbaine des parents immigrés maghrébins, c'est leur analphabétisme. Leur incapacité à lire le français les oblige en effet à trouver d'autres moyens de repérage pour se déplacer dans la ville. En ce sens, ils présentent des particularités intéressantes, des capacités à dessiner pour eux-mêmes leurs propres cartes spatiales. Pour ceux qui sont là depuis dix ans, parfois plus, l'habitude d'utiliser un itinéraire régulier en bus ou à pied est un élément déterminant dans la maîtrise de l'espace. Certains valorisent même leur capacité à se débrouiller seuls dans leurs déplacements pour souligner leur bonne intégration dans la société d'accueil. Comme si pouvoir sortir seul était synonyme d'autonomie. Mais en réalité, pour beaucoup de femmes maghrébines immigrées, les enfants jouent le rôle de guide dans la ville. Sans eux, elles ne sortiraient pas. L'usage du métro est éloquent à cet égard. Pour se repérer dans les dédales de ce transport souterrain, il faut savoir lire. Alors, pour les immigrés analphabètes, il s'agit de trouver des solutions alternatives : utiliser seulement les bus, se faire accompagner par les enfants, voyager de terminus à terminus, ou bien compter les stations et descendre à la énième. Chacun se débrouille à sa manière. Cet immigré algérien tout juste arrivé d'Algérie, dont Rachid Boudjedra nous conte l'errance dans *Topographie idéale pour une agression caractérisée* (Denoël, 1975), s'est égaré dans le labyrinthe du métro parisien. Il en est mort, victime d'une agression. L'adresse d'un cousin qu'on lui avait griffonnée sur un bout de papier ne lui a pas permis de « s'en sortir ». Expérience symbolique, révélatrice, morbide. On ne va pas dans certains lieux sans repères. Et pourtant ils sont bien venus en France. Ils y ont vécu.

Certains vieux Français ont cependant les mêmes problèmes de lecture de la ville. Ils ne s'y retrouvent pas plus que les immigrés dans l'architecture moderne. On voit seulement, à travers ces cas particuliers, que les immigrés peuvent éclairer des situations originales. Ce sont des révélateurs.

Une étude que nous avons menée à Lyon sur le « taxi clandestin » chez les Maghrébins nous avait déjà conduit à la même conclusion. Le taxi clandestin est l'affaire de chauffeurs maghrébins, chômeurs, qui proposent à une clientèle maghrébine un service de taxi irrégulier entre le centre-ville et l'aéroport international. Ces pratiques existent à Marseille et à Paris. Elles sont monnaie courante dans les pays du Maghreb. A l'époque, nous avions voulu savoir pourquoi des immigrés utilisaient ce moyen de transport malgré les risques qu'il comporte. Débarqués à l'aéroport de Satolas en provenance du Maghreb, les voyageurs ont le choix entre le taxi régulier et le car pour rejoindre le centre-ville. Or, l'enquête que nous avons menée a montré que les familles nombreuses maghrébines constituaient la clientèle privilégiée des taxis clandestins. Pour une raison essentielle : ces familles présentent des caractéristiques démographiques qui sortent de la norme française. Prenons le cas de la famille Ramdam qui compte six personnes. Elle débarque d'un séjour de vacances au pays. Pour se rendre depuis l'aéroport jusqu'au centre de Lyon, elle devra payer six tickets pour prendre le car, soit environ 240 francs car les enfants ne bénéficient pas de tarifs réduits. Si elle

prend le taxi régulier, elle se heurtera au problème de
la surcharge du véhicule et le chauffeur refusera de
prendre six personnes, pour des raisons d'assurance.
Les Ramdam devront donc prendre deux taxis. On voit
alors la fonction que remplit le taxi clandestin. Il propose une prise en charge de toute la famille, quelle que
soit sa taille, un prix moins élevé que celui des autres
moyens de transport qui est fixé avant le départ, négociable, un service de qualité jusqu'au domicile. Autant
d'atouts qui font que ces taxis ont toutes les chances de
trouver une demande auprès des familles immigrées.
Mais là encore ce n'est qu'un exemple illustratif. Il y a
en France des familles Dupont qui ont les mêmes problèmes que la famille Ramdam. Et peut-être même
que ces Dupont n'ont pas la chance d'aller passer des
vacances d'été en Afrique du Nord !

Voilà en définitive les points forts qui caractérisent
les vieux immigrés maghrébins dans l'espace de l'intégration urbaine. Nés au Maghreb, ces « ayant-migré »
ont des références à l'espace-temps qui restent atta-
chées à leur être culturel originel, même si elles ont
tendance à se dissoudre sous le poids de la quotidienneté vécue en Occident et d'une inéluctable adaptation. De plus en plus, les femmes maghrébines travaillent pour apporter un salaire d'appoint à leur
ménage. Nécessité économique oblige. Il reste que ces
vieux, quand on veut bien les écouter, sont des archives
encore vivantes et largement inexploitées. Quand on
les voit tenir les marteaux piqueurs et refaire les routes
de France, on ne peut pas s'empêcher de se souvenir
de celles qu'ils ont déjà parcourues dans leur vie. C'est
vrai qu'ils n'ont pas joui de leur temps de vie comme
on l'entendrait aujourd'hui, mais le trajet qu'ils ont
malgré tout réussi à accomplir est la preuve de leurs
intimes capacités à résister et à construire leur desti-

née. Ils ont toujours dit qu'ils rentreraient définitivement. Du temps de leur vivant, croyaient-ils. Mais pour
beaucoup, le retour se fera dans un cercueil. Car à sa
mort, l'immigré maghrébin sera inhumé dans sa terre
natale, ultime retour aux sources. C'est peut-être à
l'occasion de la mort que l'on saisit sa vraie place par
rapport à cet espace qu'il a investi il y a plus d'une
génération. Debout sur ses deux jambes ou allongé
dans un cercueil, il retournera vers ce lieu d'où quelque chose de plus fort que lui l'a arraché un jour. Que
restera-t-il du souvenir de son voyage fantastique dans
l'identité de ses enfants nés en France ?

TROISIÈME CHAPITRE

Les enfants
d'immigrés maghrébins :
les cartes brouillées de l'identité

Avec la répression de l'immigration clandestine, l'intégration des immigrés semble être, en cette fin d'année 1989, le leitmotiv du gouvernement français et des hommes politiques républicains. Il était temps. Une cellule interministérielle permanente vient d'être créée, composée d'hommes du « milieu ». Aucun de ses membres n'est issu des communautés immigrées. En fallait-il ? Cet organisme est-il préférable au « ministère de l'Intégration » que préconisait SOS Racisme ? Peu importe. La question est surtout de savoir ce que maintenant il convient de faire, et dans quel objectif. Une autre question est aussi de savoir pourquoi le gouvernement Rocard, dont on espérait tant sur ce chapitre, a attendu le résultat des élections de Dreux et Marseille avant de se prononcer pour un projet global de l'intégration des immigrés. Il y a beaucoup d'interrogations comme celles-là dont on saisit mal toutes les dimensions parce qu'elles sont politiques. Elles relèvent d'un calcul. Ainsi, récemment dans une interview télévisée sur Antenne 2, le roi du Maroc se prononçait très clairement contre l'intégration de ses ressortissants immigrés en France. Étonnant. On se souvient aussi que dans un message de vœux aux Français pour 1989, le président Mitterrand avait beaucoup parlé des immigrés et des nouveaux droits qu'il comptait bien leur octroyer. Juste préoccupation pour préparer l'anniversaire du bicentenaire de la Révolution, mais on n'a pas vu grand-chose arriver. Étonnant. Bref, les hommes politiques qui n'ont jamais vécu au quinzième étage d'une tour, qui n'ont pas passé leur jeunesse à « rouiller » devant l'entrée des allées des immeubles... parlent du problème de l'immigration comme on joue aux échecs. Si je dis ça, que va répondre l'autre ? Si je fais ça, quel sera le prix à payer ? Tandis que dans les F2, F3 et F4 des Minguettes et d'ailleurs, les petites gens sont malades à l'idée que l'ascenseur est encore en panne à cause des gosses de la famille Ramdam, qu'en plus de ça ils veulent maintenant porter le voile à l'école, construire des mosquées et prier dans les rues comme dans la Casbah... oui, ce sont maintenant les enfants des travailleurs immigrés maghrébins, les petits Arabes comme on dit, qui sont le mal.

La question de l'intégration est trompeuse. Le mot lui-même est facile et séduisant. Mais quelle en est la concrétisation à court terme ? Que signifie-t-il par exemple pour ceux, déjà intégrés, mais qui continuent à se heurter au racisme-béton des loueurs de logements privés qui ne veulent pas entendre parler des Arabes ou des « négros », seraient-ils fonctionnaires ? Pour être intégré, il ne suffit pas d'avoir suivi une scolarisation parfaite, d'avoir le bac, de se teindre les cheveux en blond ou de parler un français sans accent. L'intégration c'est, selon nous, surtout une affaire de promotion sociale. Ce n'est pas seulement l'affaire des immigrés et de leurs enfants. C'est aussi celle des « Français de souche ». Il nous semble que les administrés de Dreux ont voté aux dernières élections « contre les Arabes » et non pas pour ou contre un parti politique. Qu'au journal de 20 heures à la télé, on leur parle du foulard, qu'on leur exhibe quelques intégristes musulmans, qu'on leur montre un minaret et les voilà partis au maquis comme en 40. C'est aussi ce type de problèmes que révèle la question immigrée en France.

Quant aux enfants d'immigrés maghrébins, il n'est pas facile de parler de leur intégration dans la société française parce que globalement on ne sait pas grand-chose d'eux. On évoque souvent leur cas en disant que ce sont des « populations sensibles ou précaires », mais très souvent dans des débats généraux où les amalgames sont nombreux. Si l'objectif du gouvernement Rocard est bien de faciliter leur acceptation en France, il reste la difficile tâche de savoir qui ils sont et ce qu'ils veulent.

1. Des inconnus

L'historien Gérard Noiriel dans *Le Creuset français* (Éd. du Seuil, 1988) a été l'un des premiers à l'écrire clairement : il n'est pas aisé d'étudier sur un plan scientifique la question des enfants d'immigrés maghrébins dans l'espace français. Il y a en effet au moins trois difficultés qui rendent vaine toute tentative d'analyse globalisante ou générale de cette population : les chiffres, les appellations et la diversité des situations :

– premièrement, il est impossible de dire combien ils sont exactement. Les statistiques du ministère de l'Intérieur et celles de l'INSEE ne coïncident déjà pas sur le nombre d'immigrés en France parce qu'elles se réfèrent à des critères différents, mais ce sont des raisons juridiques qui empêchent d'évaluer le nombre exact de leurs enfants. On estime généralement à trois cent mille le nombre de fils et de filles d'immigrés maghrébins nés en France, mais beaucoup sont arrivés très jeunes avec leurs parents et de ce fait ne sont pas automatiquement français. Ceux-là, on ne sait pas combien ils sont. Même type de problème pour les enfants de couples mixtes et pour les quatre cent mille enfants de Français musulmans. Faut-il les distinguer des enfants d'immigrés maghrébins? Ou, d'une manière générale, peut-on dire que tous les jeunes qui ont au moins un de leur parent maghrébin sont classés dans la rubrique « beur »? C'est là une question importante. Les partis politiques l'ont déjà considérée avec attention, dans la perspective électorale. Des associations d'immigrés ou d'enfants d'immigrés jouent également sur cet argument pour asseoir leur légitimité politique. Mais en vérité personne ne sait avec précision le nombre d'enfants d'immigrés maghrébins en France. Cette question a du reste donné lieu à de nombreuses confusions;

– deuxièmement, et cet élément est lié au précédent, les nombreuses « appellations incontrôlées » font aussi régner une confusion, quelquefois volontairement: on appelle en effet cette population « les jeunes d'origine maghrébine », les « jeunes Arabes », « la seconde génération », les « enfants d'immigrés maghrébins », les « enfants d'origine maghrébine », les « Franco-Maghrébins », « les Arabeurs »,... et enfin « les Beurs », appellation incontrôlée apparue au début des années quatre-vingt. Plus facile à prononcer que toutes les autres. Cette dernière a cependant eu le mérite de remplacer le terme de « seconde génération » qui faisait penser à une suite un peu trop mécanique par rapport à la situation de la première génération. On ne peut pas décliner à l'infini les générations issues de l'immigration, de la première à la énième. Un jour, il faut savoir dire, ils sont français. Et ce jour est arrivé depuis quelque temps déjà. Le mot « beur », inventé par des jeunes des banlieues parisiennes à une époque où le verlan était une mode linguistique, ne renvoie plus à l'origine ethnique. En verlan, « Arabe » est devenu « Beur ». Le mot « beur » cache en fait celui d'arabe. Comme celui de « Khokhos », utilisé dans la région lyonnaise pour désigner les Arabes, et qui a d'ailleurs donné lieu à une chanson du groupe Carte de séjour, *La Khokhomanie*. Ce n'est peut-être pas pour rien. Ni « arabe » qui est un mot très chargé en France, ni « français » qui lui est très chargé dans le milieu des immigrés maghrébins où la naturalisation prend encore quelquefois l'allure d'un changement de camp. Je suis beur signifie je ne suis ni ici ni là. Inclassable. Non désireux de l'être. La généralisation par les médias de ce terme, qui a une validité surtout parisienne, a toutefois un inconvénient majeur : repris par des responsables politiques, il devient vite un instrument de ghetto. Imaginons un instant les réactions des familles juives françaises si leurs enfants étaient nommés « feujs » par des hommes politiques du pays. La comparaison est limite, c'est vrai, leur situation sociale n'étant en rien comparable à celle des enfants d'immigrés maghrébins, mais tout de même la question mérite d'être soulevée. On connaît bien le poids des mots dans les imaginaires. La preuve : on s'accorde bien pour reconnaître dans les milieux politiques qu'il faut appeler les anciens harkis des « Français musulmans ». Ce sont des nationaux !

– troisièmement, et compte tenu des deux lacunes précédentes qui renvoient à la question « de qui parle-t-on », il faut aussi s'interroger sur le « de quoi parle-t-on ? » Il est pratiquement impossible aujourd'hui de dresser un portrait général et fiable de la population des enfants d'immigrés maghrébins. Personne ne peut parler en termes généraux des aspirations politiques, des comportements sociaux, des opinions de ces jeunes parce qu'on peut seulement en avoir une idée en des temps et des lieux donnés. Et quand bien même des sondages seraient réalisés, leur représentativité serait douteuse, ils ne vaudront que par rapport à leur échantillon de base.

Alors à défaut de critères de scientificité qui assureraient aux études une validité nationale, chacun y va de sa sensibilité et de sa propre connaissance du milieu. Ainsi, beaucoup de documents rédigés sur les enfants d'immigrés maghrébins ont réalisé des portraits, décrit et analysé des itinéraires individuels, fait des bilans sur les associations. Loin d'être inutiles, ces approches ont éclairé des situations particulières et complété celles à vocation plus générale. Mais souvent les titres de ces ouvrages ont été trompeurs : ils traitaient de quelques cas d'enfants d'immigrés maghrébins et non pas « des » enfants d'immigrés maghrébins. A l'heure actuelle personne en France ne peut se targuer d'avoir une vue globale et juste sur cette population. On comprend alors les difficultés des pouvoirs publics à mettre en place des mesures destinées à faciliter leur intégration dans la société. Ils n'ont rien qui permette vraiment d'élaborer une politique efficace et cohérente pour améliorer rapidement la vie quotidienne. Les deux associations « majors » que sont devenues SOS Racisme et France Plus sont à présent les porte-parole incontournables des populations immigrées, ou plutôt des jeunes qui en sont issus, auprès du gouvernement. Or, il nous semble qu'elles ne peuvent pas jouer ce rôle, au moins en ce qui concerne les Maghrébins, car personne ne les a légitimées pour le faire. Ces deux associations ont malgré tout reçu des subventions publiques importantes ces dernières années pour mener à bien leur travail...

Si ces associations avaient véritablement été élues par la base, c'est-à-dire par les jeunes d'origine immigrée ou maghrébine, pour défendre leurs intérêts, les paroles qu'elles portent au nom des autres seraient légitimes. Mais ce n'est pas le cas. Personne ne peut prouver par exemple que les jeunes filles d'origine maghrébine sont pour ou contre le port du foulard à l'école. Tout le monde a cependant le droit de penser que... en son nom personnel.

Notre propos n'a pas l'ambition de découvrir des vérités inédites et générales sur l'évolution sociale des enfants d'immigrés maghrébins en France. Beaucoup de choses ont été dites ou écrites sur ce thème et les apports supplémentaires de connaissance ne peuvent être que marginaux. C'est aussi pour cette raison que nous affirmons que la mode beur a tendance à s'éteindre sur le plan scientifique et médiatique. Nous cherchons plutôt à donner un point de vue relativisé par notre propre expérience, sur ce que sont devenus les jeunes en référence à leurs parents, sur les évolutions qui se sont dessinées au sein même de leur groupe, sur leur devenir dans la France-Europe des années quatre-vingt-dix. Pas de démarche statistique : reste alors celle qui consiste à suggérer des pistes sur lesquelles semblent reposer les tendances lourdes du mode de fonctionnement de ce groupe social. A cet égard, les enjeux sociologiques et politiques que révèle la « réussite » individuelle de certains sont considérables dans le déroulement de l'histoire. Du point de vue de l'espace et du temps, leur rôle peut être analogue à celui de leurs ascendants pionniers qui quittèrent leurs campagnes pour venir s'installer en France, creusant ainsi des sillages dans l'espace physique et social, identifiant des zones d'accessibilité dans de nouveaux territoires. Mais la comparaison doit s'arrêter là.

Maintenant il faut s'interroger. C'est vrai, quelques-uns
ont trouvé la faille. Et alors? Quelles conclusions doit-
on tirer de cette évolution? Est-ce bien ce qu'il fallait
démontrer?

2. La mise au pli
et le jeu du « oui ou non »

Regardons autour de nous et conjuguons les mots
immigré et Beur au temps de l'actualité quotidienne.
Que voit-on? Très récemment, un meurtre à Saint-
Laurent-des-Arbres, celui du fils d'un Français musulman, le plasticage d'un foyer hôtel Sonacotra dans le
Sud, la destruction d'une mosquée en préfabriqué puis
sa reconstruction dans la banlieue lyonnaise, l'incendie
à Paris d'un hôtel où habitaient une majorité d'immigrés... les Beurs : ils sont maintenant dans l'arène politique. Ils participent aux décisions. Ils sont dedans et
travaillent au quotidien. On voit mal les médias faire
des comptes-rendus réguliers de leur participation aux
conseils municipaux. On a l'impression que les jeux
sont faits, que l'histoire est terminée. Et pourtant...
Beaucoup de choses se sont arrêtées à la fin des
années quatre-vingt. Peu ou prou, elles étaient le vivier
de la culture immigrée maghrébine en France. Il y
avait le groupe de musique rock arabe, Carte de
séjour. Il a cessé d'émettre (il reste le raï, c'est vrai,
mais il est plus algérien qu'autre chose). Il y avait le
magazine, *Baraka*. Il a cessé de paraître pour des raisons financières. Il y avait l'émission dominicale (à
10 heures du matin!) de télévision, « Mosaïques », sur
FR3. Elle a été supprimée pour des raisons occultes.
Maintenant, les Maghrébins et leurs enfants peuvent
toujours regarder les émissions religieuses du diman-

che matin où l'islam a une place... Ils ont eu leurs écrivains. Mais jusqu'à maintenant, ils n'ont réussi à
publier que le premier récit de leur autobiographie. On
attend toujours le passage au cap suivant. Ils avaient
leurs quartiers-souks en plein cœur des grandes villes,
la Goutte-d'Or à Paris, la Porte-d'Aix à Marseille, la
place du Pont à Lyon, là où les gens d'ici ne voulaient
pas habiter il y a quelques années, préférant l'atmo-
sphère chlorophyllisée des vertes banlieues. Mais la
centralité de ces quartiers arabes a été redécouverte.
Alors on casse, on reconstruit. Les loyers augmentent.
L'image de ces quartiers change. Leur identité aussi,
avec la couleur de leurs nouveaux habitants. Comme
aux États-Unis, de plus en plus le cœur des grandes
villes de France « s'éclaircit ». Année après année, le
ghetto de Harlem voit ses limites repoussées aux
confins de Manhattan à New York. Dans la banlieue
lyonnaise, le quartier des Minguettes, qui avait acquis
au début des années quatre-vingt une réputation internationale par la chaleur de ses étés (les fameux étés
chauds), est rentré dans les rangs de la normalité. La
bombe a été désamorcée. Que sont devenus les initiateurs de la fameuse Marche pour l'égalité et contre le
racisme qui, du numéro 10 de la tour Monmousseau,
avaient lancé le mouvement et drainé plus de cent
mille personnes à Paris ? Rentrés dans les rangs de
l'anonymat. Toumi Djaïdja, héros de l'antiracisme du
début de la décennie quatre-vingt, a cédé sa place à
SOS Racisme, il a aussi effectué le grand retour vers
l'islam à défaut de pouvoir faire un grand pas en avant
après la Marche. SOS Avenir Minguettes n'a pas marqué structurellement la lutte contre le racisme en
France comme a su le faire SOS Racisme Paris. Le
pouvait-elle vraiment depuis Les Minguettes ? Au plan
médiatique, il faut reconnaître que Harlem Désir et

Areski Dahmani sont devenus les interlocuteurs privi-
légiés sur toutes les questions touchant à l'antiracisme
et aux Beurs. Quel journaliste aurait en effet l'idée
d'aller voir Toumi Djaïdja pour l'interroger sur l'actualité du racisme ? En revanche, sur l'islam, il en est. A
quel propos ? L'« affaire Rushdie » par exemple. C'est
à l'occasion de cet événement qu'on se souvient de
l'existence de Toumi Djaïdja (« Les anciens de la
Marche des Beurs devant la publication des *Versets
sataniques*. L'islam ou la dernière tentation des Minguettes », *Libération* du 7 mars 1989). C'est aussi à
cette occasion que tous les quotidiens, les magazines
hebdomadaires et mensuels, pratiquement sans exception, courent à la recherche de l'interview du Beur.
Quel magazine n'a pas fait sa page de couverture sur
les musulmans de France au cours du déroulement de
l'affaire ? Les médias se sont souvenus alors que les
enfants de Maghrébins pouvaient de près ou de loin
être sensibles aux *Versets sataniques* et à la *fatwa* de
Khomeyni. On a pu lire beaucoup de commentaires
sur leurs positions, dans des magazines qui, auparavant, ont rarement fait allusion aux « créations » qui
ont été l'œuvre de ces jeunes au cours des dernières
années.

Il y a deux faits gênants dans cette attitude.

Le premier c'est que nombre de médias évoquent
leur présence et leur capacité à exprimer des positions
le plus souvent quand il est question des musulmans en
France et de l'islam. De ce fait, ces jeunes sont toujours renvoyés à leurs origines religieuses et interpellés
sur cette question, beaucoup plus porteuse sur le plan
médiatique que la banalité de leurs créations artistiques, culturelles, ou de leur réussite sociale. On peut
craindre que désormais la tendance se poursuive dans
ce sens parce que maintenant il est un fait acquis qu'ils

peuvent chanter, écrire, faire du cinéma, du théâtre, de la peinture, du journalisme, etc.

Le deuxième fait a la forme d'un piège. Interroger les enfants de Maghrébins en France sur l'appel au meurtre de Rushdie, l'Indien de Londres, par l'imam de Téhéran, cela signifie quoi ? On a vu à la télévision avec quelle intensité les musulmans immigrés ou non, qui vivent en Grande-Bretagne ont réagi aux *Versets sataniques*. Puis la télévision française a montré avec l'exagération que l'on sait une manifestation regroupant un peu plus d'un millier de musulmans (pakistanais !) à Paris. Alors « logiquement » les journalistes sont allés demander aux intellectuels maghrébins puis aux jeunes des cités de se positionner sur l'affaire. La cohérence ? Elle est à rechercher dans le rapport à l'islam qu'entretiennent *a priori* tous ces gens. En fait, ce que nous ressentons, c'est qu'ils ont été placés dans une alternative avec l'obligation de définir leur place : êtes-vous pour la démocratie (avec Rushdie) ou pour l'intégrisme musulman assassin (avec Khomeyni) ? Dans ce contexte de *double bind*, on peut aisément comprendre que les réponses aient été ambiguës. L'affaire des *Versets sataniques* a eu pour beaucoup l'allure d'une injonction à définir ses vraies places, à annoncer ses choix. Encore une fois et comme toujours, les jeunes ont été placés devant l'éternelle question du choix : choix de rester de nationalité maghrébine ou prendre la nationalité française, choix de faire le service militaire ici ou là, choix d'être musulman ou démocrate, etc., comme si tous les maux dont ils souffrent sont le résultat de leur impossibilité de se définir dans l'un ou l'autre des camps. Comme si la complexité de leur situation pouvait se résumer en une seule équation : oui ou non.

Le port du foulard coranique à l'école ? Êtes-vous

pour ou contre ?... entendu que le foulard, c'est l'intégrisme musulman qui menace.

Malheureusement, le monde ne se divise pas en oui
ou non, entre marxisme et libéralisme, bourgeoisie et
prolétariat, bien et mal, vrai et faux, etc. Les enfants
d'immigrés maghrébins se trouvent au centre des
grandes questions et des lourdes incertitudes que la
décennie des années quatre-vingt a révélées. Cette
position est difficilement soutenable. La France politique de 1989, on le sait, n'est plus fidèle au schéma
classique droite-gauche d'il y a dix ans. La social-
démocratie est un concept qui, de plus en plus, prend
forme dans le paysage politique national, et les
ministres d'ouverture qui sont entrés dans le gouvernement Rocard en sont les « Beurs ». A la différence près
que eux ont fait un choix. Mais en tant que ministres.
Cela ne les empêche pas de cristalliser à leur tour la
haine du leader du Front national (cf. Durafour et Sto-
léru...), mais ils savent qu'ils peuvent compter sur le
soutien de l'ensemble de la classe politique française
lorsqu'ils sont pris à partie sur leur choix. Ce n'est pas
forcément le cas des vrais Beurs et autres gens d'origine immigrée.

3. Le choc de l'image

Un des écarts fondamentaux entre le temps des
immigrés maghrébins et celui de leurs enfants se cache
dans un objet d'apparence anodine qui a bouleversé
depuis son apparition l'évolution même des espaces et
du temps : la télévision. Au temps de l'immigration originelle, c'étaient les lettres et les hommes qui transpor-
taient l'information. Les imaginaires se fondaient et se
forgeaient sur ces deux modes de transmission (le télé-

phone arabe !). L'avènement de la télévision a été une révolution. Après les distances d'espace et de temps, la *distance vitesse* a aboli la notion de dimension physique, comme l'écrit Paul Virilio dans *L'Espace critique* (Christian Bourgois, 1984). L'immédiateté a pris le pas sur la profondeur historique grâce à l'écran cathodique. Ainsi, du jour au lendemain, toutes les télévisions du monde ont montré des images de violence consécutives à la publication des *Versets sataniques* et, immédiatement, on a demandé aux enfants d'immigrés maghrébins en France de se définir par rapport à ces images, alors même que le livre n'était pas traduit en français. Comme si tout d'un coup, l'histoire ne comptait plus et que l'actualité que diffuse l'écran réclamait des identifications au coup par coup. Depuis plus d'une dizaine d'années, les journaux télévisés de 20 heures nous ont rapporté des images de la guerre en Palestine, en Irak et en Iran, des Moudjahidine du peuple en Afghanistan, des déchirements du Liban, du colonel Kadhafi, de l'imam de Téhéran, du terrorisme, de Georges Ibrahim Abdallah, des attentats à Paris, des prises d'otages. Toutes ces images ont véhiculé en arrière-plan celle de l'islam. L'islam de la violence, de l'intolérance et de la mort. A tel point que même dans les plus petits villages de France on ne veut plus entendre parler de mosquée, serait-elle pour les Français musulmans. A tel point aussi que le porte-parole de l'OLP à Paris ne peut plus trouver de logement parce que les riverains ont peur des bombes. Ici encore, le poids des images induit des conséquences directes sur les comportements. On a dit que l'affaire Rushdie participait à détériorer le processus d'intégration des Maghrébins dans la société française à cause des images, et c'est aussi cela que refusaient les Maghrébins de France et leurs enfants. Les situations dans

lesquelles ils savent qu'ils ont perdu d'avance et que
leur légitimité dans la société française va encore être
remise en cause du fait de l'actualité à Beyrouth, Téhéran ou Bombay.

D'une manière générale, dans cette société de la
télévision-communication, l'image est devenue le lieu
privilégié de la formation et de la décomposition des
identités collectives. Elle est désormais un enjeu de la
plus haute importance dans les milieux politiques, surtout au moment des élections. Elle joue aussi son rôle
dans le processus d'intégration des immigrés et de
leurs enfants en France. L'espace médiatique se présente aujourd'hui comme un défi auquel ils doivent
s'affronter comme n'importe quel homme politique.
L'espace économique qui avait motivé la migration de
leurs parents n'est plus l'unique objectif en matière
d'intégration. Il s'agit maintenant de changer l'image
qu'on donne.

L'époque beur largement médiatisée a été pendant
quelques années le déclenchement de cette nouvelle
ère. Beaucoup de créateurs ont bénéficié de ce trem-
plin. « La réussite des Beurs » a fait la une de magazines comme *Le Point*. En novembre 1988, l'émission
d'Antenne 2, « Les dossiers de l'écran », a été consa-
crée aux « Beurs qui parlent aux Français ». L'émission
« Mosaïques » a elle aussi largement contribué tous les
dimanches matin à la promotion médiatique de l'image
du Beur qui gagne. On a ainsi découvert à l'écran ou
dans les journaux des artistes-peintres, des avocats, des
journalistes, des comédiens, des écrivains, des médecins, des footballeurs professionnels... bref toute une
brochette de réussites jugées extraordinaires parce
qu'on ne les attendait pas.

Mais ce type d'ascension sociale n'a rien d'extraordinaire, en soi. Ce qui est surtout remarquable, c'est

l'effet de surprise qu'il semble avoir provoqué dans la société française. Comme si on avait fait l'hypothèse que tous ces descendants d'immigrés-paysans-analphabètes étaient naturellement destinés à reproduire sagement la condition sociale de leurs parents. Au cours des années soixante-dix, on avait tellement dépeint l'archétype du jeune d'origine maghrébine avec des images de déchirure culturelle, de marginalisation sociale, d'échec scolaire, de rapport conflictuel avec la police, de délinquance... qu'on a fini par oublier ceux qui, à l'ombre des rubriques de faits divers, jouaient le jeu dans les règles pour atteindre leurs objectifs. Ils sont sans doute une minorité. Mais ces itinéraires atypiques ont pendant quelque temps attisé la curiosité de l'opinion publique.

Réussir quand on n'a rien à perdre

Comment ces jeunes ont-ils pu faire, vu leurs handicaps du départ ? Leur expérience est-elle généralisable ? Pourquoi leurs pairs qui ont vécu dans les mêmes conditions qu'eux n'ont-ils pas suivi le même itinéraire ? Telles sont les questions qui ont été posées aux « Beurs de la réussite » lors de leur apparition sur la scène médiatique. Leurs explications reposent sur la rage de vaincre. « Mon idéal c'est l'anti-frontière, le cosmopolitisme [...] nous sommes tous dans la même galère avec soixante-dix ans d'espérance de vie devant nous [...] j'ai toujours eu la rage. Même au milieu des Touaregs je m'en serais sorti [...] chacun dans la vie a une chance : c'est aide-toi et le ciel t'aidera », explique Karim Kacel (in *Chroniques métissées* de N. Beau et A. Boubekeur, 1987). C'est l'émulation suscitée par la présence de fils de médecins et d'avocats dans son école du dix-neuvième arrondissement de Paris où il débarqua à l'âge de huit ans qui a fait de Salem Kacet un chef de clinique à l'hôpital cardiologique de Lille. Slimane Azzoug, le chevillard marseillais de trente ans, a repris la boucherie en faillite de son père. Nacer Sabeur, le commerçant richissime de Marseille, trente-deux ans, a atterri en France en touriste avec une grosse bosse dans le dos : celle du commerce. Smaïn, le comédien, a galéré pendant des années sur les scènes des cafés-théâtres parisiens avant d'être engagé au « Théâtre de Bouvard » sur Antenne 2 et prendre conscience de ses possibilités. Karim Kacel a osé participer à un concours de la chanson sur Antenne 2 où il a chanté *Banlieue*. Il a gagné. L'écrivain Mehdi Charef a eu la chance de rencontrer Georges Conchon à qui il avait envoyé un scénario. Son *Thé au harem d'Archi Ahmed* a été publié. Ensuite la chance d'avoir attiré l'attention du cinéaste Costa-Gavras pour le tournage du *Thé au harem d'Archimède*. Farid Boudjellal a remporté le prix du Festival de la bande dessinée d'Angoulême. Toufik, le styliste, séduit le jury d'un concours de mode parisien au centre Beaubourg. On pourrait citer beaucoup d'autres cas de ce type, mais les motivations sont toujours les mêmes : une sorte de déclenchement, à un moment donné, d'une conscience de pouvoir faire, tenter sa chance. Et bien souvent, ces jeunes ont dû être les meilleurs pour passer l'obstacle. Ils ont eu l'audace de risquer. C'est peut-être là un des points les plus caractéristiques de ces réussites au caractère si inattendu. A cet égard, « l'irrésistible ascension de Nacer Sabeur », le richissime commerçant de Marseille, révèle des épisodes pathétiques. La mort de son père est-elle un élément du déclenchement que nous évoquons à propos de ces prises de conscience ? Certainement. Une proche vision de la mort peut pousser des hommes à entreprendre sans complexe des actions extraordinaires. Le styliste parisien dont nous avons évoqué la victoire au concours du centre Beaubourg avait noyé son trac dans quelques verres d'alcool avant le début de la manifestation. Mais il n'y a pas que cela qui explique l'audace de ces jeunes qui ont gagné. Dans bien des cas, ils ont passé un cap décisif dans leur conscience de pouvoir faire parce qu'ils n'avaient rien à perdre. Compte tenu de l'histoire de leur vie en France, de leur adolescence avec les autres jeunes de leurs cités, de l'exemple de leurs parents manœuvres et analphabètes, de leurs aspirations de vie limitées au temps présent, ces jeunes n'avaient pas tout misé sur leur réussite sociale et lorsque la chance s'est enfin présentée, ils l'ont saisie avec une décontraction telle qu'ils ont gagné. L'examen de passage revêt dans ces conditions l'allure d'un jeu supplémentaire, d'un défi d'un jour qui n'engage rien pour le joueur puisqu'il n'avait de toute façon pas beaucoup d'ambition de carrière. Échouer à un concours de la chanson sur Antenne 2 n'est pas catastrophique quand on n'a pas l'ambition de devenir chanteur professionnel. C'est comme ça que Karim Kacel a été plébiscité par les téléspectateurs. De la même manière, que risquait un Mehdi Charef lors de son passage à « Apostrophes » il y a quelques années, quand on se souvient qu'il ne comprenait pas ce qui lui arrivait depuis la publication de son premier roman ? Cette espèce d'innocence qui caractérise le succès médiatique de certains jeunes d'origine maghrébine a été un élément fort de leur ascension sociale. Cette innocence devient audace, et c'est comme ça qu'un Luis Fernandez ou un Halim Ben Mabrouk quittent un jour leur club de football des Minguettes pour aller taper aux portes des grandes équipes et atterrir tous les deux à Paris pour devenir des joueurs internationaux, l'un avec l'équipe de

France et l'autre d'Algérie. Qu'avaient-ils à perdre ? Rien. Qu'avaient-ils à gagner ? Tout. L'équation était simple. Encore fallait-il un jour en avoir conscience. Sans doute les deux joueurs de football dont nous évoquons l'itinéraire depuis Les Minguettes jusqu'aux équipes internationales n'étaient-ils pas au départ ceux qui, au sein de leur club de quartier, avaient les meilleurs atouts pour une carrière de cette envergure. D'autres étaient mieux prédisposés. Mais la différence se fait seulement au niveau de la décision d'oser. Eux ont osé et les autres non. Tous les enfants d'origine maghrébine qui se sont fait une place sous les lumières des caméras de télévision de France ne sont pas forcément les lumières de leur communauté dans leur domaine respectif. Ce sont surtout des jeunes qui ont osé faire le pas. Beaucoup d'autres jeunes continuent de créer dans l'anonymat.

En fin de compte, si on se rappelle dans quelles conditions s'était fait « le choix de partir » de ces paysans maghrébins qui quittèrent leur terre pour aller chercher fortune en France après la Seconde Guerre mondiale, on se souvient qu'il était basé sur un projet d'avenir. Une vision du monde, de la place qu'on y occupe, de celle qu'on veut tenir, en somme un calcul sur le temps qui passe. Et construire une maison avec les privations financières que cela suppose pour le temps présent, n'est-ce pas la manifestation la plus évidente de cette conscience d'être ! Or, ce que l'on constate chez les enfants de ces premiers immigrés, c'est une quasi-absence de calcul sur le temps de la vie. La réussite sociale de ceux qui ont été projetés sur la scène médiatique peut paradoxalement s'expliquer parce qu'ils n'y croyaient pas vraiment. Ce détachement leur a été bénéfique dans les moments opportuns. Le relatif échec social de ceux qui, désabusés, ne

croient plus en rien témoigne d'un vide, d'une absence
de projet pour le lendemain. Il y a seulement le temps
présent de la jouissance : le « ici et tout de suite ». Le
temps du jour où aucun risque ne vaut la peine d'être
couru. A la différence de leurs parents, beaucoup de
jeunes qui n'ont jamais connu les angoisses d'un exil,
les traumatismes de la colonisation et de la guerre,
alors même qu'ils savent lire et écrire, n'ont pas la
même capacité de combat. On devine pourquoi, dans
les chaumières, des parents maghrébins s'arrachent les
cheveux en constatant la démission précoce de leurs
enfants alors qu'ils sont instruits : « Ah, si moi j'avais
su lire et écrire ! » Eh oui, s'ils avaient su lire et écrire,
ces parents, qu'auraient-ils fait de plus ? Ils ne seraient
peut-être pas partis de leur pays tout simplement. Mais
on ne refait pas l'histoire. Un intellectuel maghrébin
avec qui nous parlions récemment nous disait :
« Regardez les petits Français, à peine savent-ils lire et
écrire que leurs parents leur ouvrent un plan d'épargne
logement ! Regardez chez nous... » C'est vrai que nous
ne connaissons pas d'exemple de petits enfants de
Maghrébins qui savent ce qu'est l'épargne logement.
Peut-être que leurs homologues français de souche ne
le savent-ils pas plus. Mais c'est certainement la preuve
que les enfants d'immigrés maghrébins ne parient pas
sur leur avenir en France. Comme la majorité de leurs
parents. On pourrait dire que les parents n'ont pas les
moyens financiers d'acheter une maison là où ils
vivent, mais ce serait ignorer les sacrifices qu'ils font
pour payer un voyage à La Mecque ou tout simplement des vacances au pays pendant le mois d'août avec
toute la famille. Si la pratique des plans d'épargne
logement n'est pas très répandue dans ce milieu-là,
c'est fondamentalement qu'elle révèle encore une difficulté chez eux d'investir totalement dans la société

française. L'écart entre le « ici » et le « là-bas » est encore
grand. La lecture des romans écrits par les jeunes
l'atteste.

4. L'encre de l'identité

Il y a donc plusieurs sources de renseignements à
croiser pour connaître le chemin parcouru par les
enfants d'immigrés maghrébins : les livres scientifiques,
les médias, les événements quotidiens, les observations,
les expériences, le vécu dans les cités périphériques... il
y a aussi les romans de ces jeunes. En tournant leurs
pages, on voit apparaître les traces des écarts d'identité
entre eux et leurs parents, entre eux et la société française.

Ces écarts d'identité s'illustrent ici de façon flagrante
par une évidence de taille : les premiers étaient analphabètes et les seconds commencent à écrire des livres
qui sont publiés dans les grandes maisons d'édition
parisiennes. L'époque où l'on parlait des immigrés est
révolue. A présent, les enfants d'immigrés parlent
d'eux-mêmes, ils prennent la parole et la plume. Ces
écarts s'illustrent également entre les écrivains maghrébins de langue française, Kateb Yacine, Mohammed
Dib, Assia Djebbar, Mourad Bourboune, Nabile Farès,
Driss Chraïbi, Tahar Ben Jelloun, Abdelkebir Khatibi,
Abdelwehab Meddeb... et les jeunes auteurs d'origine
maghrébine. Les premiers sont explicitement maghrébins et de France, ils écrivent sur l'évolution socio-
culturelle de leur pays d'origine. Les seconds écrivent
de France, sur la France qui les tient à distance, dans
ses périphéries. La différence est là aussi de taille, si
tant est qu'une comparaison soit pertinente.

Chronologiquement, on peut dire que c'est avec

Mehdi Charef, en 1983, que la production romanesque des jeunes d'origine maghrébine a pris son essor. L'écho médiatique que *Le Thé au harem d'Archimède* a connu montre la curiosité du public pour ce genre de témoignage. En 1984, Akli Tadjer publie *Les A.N.I. du « Tassili »* au Seuil. En 1985, Nacer Kettane publie, chez Denoël, *Le Sourire de Brahim*, et Leïla Houari, *Zeïda de nulle part* chez l'Harmattan. En 1986, six nouveaux romans apparaissent : *Le Gone du Chaâba* d'Azouz Begag, *Point kilométrique 190* d'Ahmed Kalouaz, *Les Beurs de Seine* de Mehdi Lallaoui, *Palpitations intra-muros* de Mustapha Raïth, *Georgette!* de Farida Belghoul et *L'Escargot* de Jean-Luc Yacine.

De quoi parlent ces livres ?

Le héros du *Thé au harem d'Archi Ahmed* de Medhi Charef est Madjid, dix-huit ans, qui nous entraîne dans les HLM et les cités de transit de la banlicue parisienne, en compagnie de ses copains d'infortune. Le récit est autobiographique. Omar est le héros des *A.N.I. du « Tassili »* d'Akli Tadjer. C'est un jeune de la Garenne-Colombes embarqué à Alger sur le *Tassili* qui vogue vers Marseille. Omar a essayé de s'adapter à l'Algérie sans résultat. Le livre est un adieu au pays. Encore un voyage-déception en Algérie dans *Le Sourire de Brahim* de Nacer Kettane. Le jeune frère du narrateur trouve la mort dans les manifestations des Algériens à Paris d'octobre 1961. Une interrogation sur l'identité et les racines fonde la trame de ce livre. Elle fonde aussi celui de *Zeïda de nulle part* de Leïla Houari. Un voyage au Maroc, une désillusion. Ahmed Kalouaz a raconté dans *Point kilométrique 190* le récit de la mort du jeune Algérien défenestré dans le train Bordeaux-Vintimille par des légionnaires en permission. L'héroïne de *Georgette!*, de Farida Belghoul, est une fille de balayeur qui voue un amour immense et

plein de tristesse à un père humilié quotidiennement
mais qui résiste avec fierté à sa vie difficile. Amar, le
héros de Jean-Luc Yacine dans *L'Escargot*, est sur le
point de recevoir un héritage inattendu. Il meurt, victime d'un crime raciste, dans le Nord-Pas-de-Calais.

La problématique commune de ces textes est consti-
tuée par des témoignages de vie, et les héros sont souvent des jeunes dont les situations sont conflictuelles
dans la société française. Si Mehdi Charef a connu la
prison, Mustapha Raïth a écrit ses *Palpitations*...
depuis les murs de celle où il est encore enfermé. Mais
autant la dénonciation de leur vécu douloureux en
France émerge avec véhémence de ces écrits, autant
l'impossible réancrage dans le pays des parents est
souligné avec force à travers des voyages de décep-
tion. C'est la confrontation avec l'illusion du mythe du
retour.

Cette écriture est-elle maghrébine ou française ? Les
références imaginaires et les sources sont toujours mar-
quées par des histoires spécifiques qui ne sont ancrées
nulle part, sinon dans des situations sociales et spatiales périphériques. C'est là toute leur nouveauté,
celle d'apporter un angle de vue décentré par rapport à
tout ce qui est dit sur les immigrés et la société française.

« L'humour est la politesse du désespoir », a écrit
Paul Valéry. Cet aphorisme prend tout son sens dans
l'expression contemporaine des enfants d'immigrés
maghrébins. En littérature, sur scène, au cinéma,
l'autodérision semble avoir remplacé la contestation
acerbe et la peinture misérabiliste. Dans les écrits,
l'humour et l'autodérision sont en effet une caractéristique qui saute immédiatement aux yeux. Cette peinture satirique de soi-même, qui s'inscrit tout à fait
dans le style du cinéma italien des années soixante et

soixante-dix, prend aujourd'hui une profonde signification symbolique si on la rapporte à ceux qui en
sont les auteurs et l'environnement dans lequel ils
écrivent. Les classiques déchirements douloureux
entre deux cultures, entre deux pays, qui alimentaient
toute histoire sur la famille immigrée en France il y a
une dizaine d'années, ont créé un ras-le-bol général et
la nécessité d'un renouveau dans les approches. Le
traitement à la sauce italienne des fractures de la
famille immigrée a été l'occasion pour beaucoup
d'auteurs d'aborder ce thème dans un rapport distan-
cié grâce à l'humour. C'est l'occasion aussi de régler
ses comptes avec le pays d'origine, avec le père, avec
la société française dans son ensemble, mais tout cela
dans une ambiance bon enfant souriante qui ne veut
pas être prise au sérieux. Puisqu'il n'y a guère de
moyens par la « voie officielle sérieuse » de négocier
les contentieux entre la famille immigrée et le monde
occidental à la française, on cherche d'autres passe-
relles qui pourront faire la liaison entre les deux
mondes : l'humour et le rire en sont une. *Les A.N.I.
du « Tassili »*, *Le Thé au harem*, *Le Gone du Chaâba*
et *Les Beurs de Seine* en sont au demeurant les maté-
riaux de construction. D'une manière générale, ces
premiers écrits d'auteurs d'un genre nouveau émanent
de jeunes qui de toute évidence n'ont pas fait de complexe devant le genre littéraire établi. Les styles et les
syntaxes sont libérés de toutes les contraintes du dictionnaire de la langue française. Loin d'être une
lacune, cette rébellion a pris l'allure d'un nouveau
genre d'écriture dans lequel s'expriment des sensibili-
tés métissées, des révoltes qui explosent dans les mots
d'humour, des histoires de vie que l'on repeint avec de
la peinture « relativisante », c'est-à-dire la réflexion du
recul critique. Et il faut dire aussi que ces auteurs, qui

comme les autres jeunes ont galéré dans les cités pendant leur adolescence, ont tous gardé de leur passage dans le béton ou leur bidonville des souvenirs qui souvent prêtent plus au rire qu'aux larmes. C'est là aussi une nouveauté dans la science des comportements en France : on ne savait pas que la condition d'immigré, la vie en cités ou en bidonvilles pouvaient donner lieu à un traitement humoristique.

Jusqu'à ce jour, tous ces auteurs à l'exception de Mehdi Charef, Ahmed Kalouaz et Azouz Begag n'ont publié qu'un seul roman. Presque tous les autres ont déjà soumis des manuscrits à leur éditeur. On attend donc la suite.

On va certainement voir se développer en France, dans les prochaines années, des séries télévisées à la mode « sitcom » américaine comme le *Cosby Show*, des films, des bandes dessinées comme celles de Farid Boudjellal, où la famille immigrée sera commercialement vendue pour faire rire plutôt que susciter la pitié larmoyante, comme la tribu des Bochimans en Namibie a fait rire le monde entier dans *Les dieux sont tombés sur la tête*. C'est cette fibre qui a assuré le succès du Noir américain Eddy Murphy, du comédien franco-algérien Smaïn et de bien d'autres comédiens d'origines ethniques diverses à travers le monde. Tous les hommes de la planète ne rient-ils et ne pleurent-ils pas de la même manière ?

On peut donc parier que cette tendance se développera en France. La population immigrée et ses dérivés va se révéler chez les producteurs comme une manne providentielle. Elle pourrait justement contribuer à redonner un nouveau souffle au cinéma français en rappelant l'âge d'or du cinéma italien d'*Affreux, sales et méchants* ou de *Pain et Chocolat*. Il ne fait pas de doute que les écrivains d'origine maghrébine capables d'écrire de bons scénarios sur ce thème seront beaucoup sollicités si cette tendance s'avérait juste.

Pour l'instant on est dans l'expectative et la question qui se pose est celle de savoir si ceux qui ont déjà publié les romans de leur vie vont être capables d'aller au-delà de leurs limites. A peine viennent-ils de sortir de leur oubliette qu'on leur demande déjà d'établir une nouvelle performance...

Enquête d'identité : mise à l'écart

En mars 1987, l'hebdomadaire *Actualités de l'émigration*, journal officiel algérien édité à Paris, a consacré un dossier à la « littérature beur » (n° 80). Quelques auteurs « beurs », ou s'y apparentant, ont été sollicités pour répondre à deux questions : comment se situe la littérature dite « beur » par rapport à la littérature algérienne d'Algérie et à la littérature française ? Quel est l'avenir de cette littérature ? Continuera-t-elle à garder une spécificité ou se fondra-t-elle dans la littérature française ?

Il est éloquent de voir comment les diagnostiqueurs ont évalué la production littéraire en question. Farida Belghoul, auteur de *Georgette !*, écrit : « La littérature en question est globalement nulle. D'un point de vue littéraire, elle ne vaut rien ou presque... » Djanet Lachmet, auteur du *Cow-boy* (Belfond, 1983), est plus explicite : « La littérature beur, aussi bien que tout ce qui pourrait relever d'un art beur (peinture, musique, cinéma)... n'existe pas réellement ou du moins pas encore, si, en parlant de productions littéraires ou artistiques beurs, on entend un art spécifique qui ferait naître une lumière nouvelle au sein de la culture française. Jusqu'à présent, l'art beur m'apparaît principalement comme art de contestation, je dirais même de

classe, à l'intérieur d'une culture française ou européenne. J'ai le sentiment [...] que les Beurs font partie
de ce que l'on pourrait nommer l'"underground" français et qu'à ce titre ils ne sont pas porteurs d'une
spécificité ou d'une sensibilité qui éclaireraient d'une
manière radicalement autre l'espace culturel où ils
vivent. Les références qui les règlent appartiennent à la
culture française et sont mises en jeu par la volonté de
devenir français. Au-delà des difficultés sociales et
politiques qui les mobilisent, je ne perçois pas de projet culturel singulier, différemment référencié des
autres composantes de cet underground français, qu'il
fasse signe vers un héritage arabo-islamique ou même
qu'il se rapporte aux traditions populaires du Maghreb.
Donc, à mes yeux, l'art beur est et restera français. »
Pour Leïla Sebbar, auteur confirmé, « la littérature
beur n'existe pas, parce que ceux qui s'appellent les
Beurs, les enfants de l'immigration, n'ont pas encore
écrit de livres. Ils ont écrit, très vite, trop vite, un peu
de leur vie, un peu de leurs cris, avec des mots, une
langue qui ne maîtrise ni la langue de l'école, ni celle
de la rue, ni leur langue. Ils ne possèdent pas encore
une langue libre et forte qui s'impose dans sa violence,
sa singularité... » Hocine Touabti, auteur de *L'Amour
quand même,* est encore plus tranchant : «... il serait
illusoire de prétendre qu'il existe une littérature beur.
Le niveau en est tellement moyen, voire affligeant
qu'on ne saurait sur quels arguments s'appuyer. Donc
exit. » Et de poursuivre sa pensée : « Fort heureuse-
ment, il en va tout autrement de la littérature d'expression française produite là-bas, au pays... »

Le ton est donné. Dans cet espace, aussi, les enfants
d'immigrés maghrébins auront à lutter pour que leurs
écrits accèdent à une lecture, à une « visibilité » ou une
« lisibilité » non stigmatisée. On explique généralement

le succès de quelques-uns d'entre eux par le contexte, la valeur sociopolitique de leurs textes, par la prouesse inattendue et curieuse qu'ils semblent réaliser, voire par le scandale dont ils font parfois l'objet. Les auteurs « beurs » sont bons à occuper les banlieues ou les ZUP de la littérature. Ils ont écrit des témoignages, dit-on, et non des textes littéraires. Soit. Mais quelle prose, mais quel poème ne témoigne pas des anges et des démons qui ont rongé l'écrivant aussi bien que l'époque qui l'ont engendré ? N'est-ce pas l'une des nobles missions de tout écrit que de faire acte du temps, trace mémorable ?... N'est-ce pas ouvrir là un faux procès ?

La littérature des jeunes d'origine maghrébine est une littérature jeune et en tant que telle souffre sans aucun doute des travers et de la fragilité de toute littérature jeune, mais ne doit-on pas d'abord lui laisser la chance de mûrir et de se décanter avant de la déclarer nulle et non avenue ? Est-elle d'ailleurs toute du même cru et de la même crudité – et cruauté – du témoignage ? Que l'on relise *Georgette !* de Farida Belghoul avec moins de fixation sur le témoignage « anecdotique », et l'on verra que ce texte « témoigne » justement d'un important travail d'élaboration de l'espace-temps narratif : les parallélismes des situations, les inversions, les asymétries et autres déconstructions de l'espace-temps narratif nous font saisir plus et mieux la situation où évolue l'héroïne de *Georgette !* que les faits qu'elle raconte. Actrice et spectatrice d'un jeu de piste à plusieurs bifurcations, elle nous y emmène par sauts qui désorganisent l'assurance chronologique de notre lecture. L'effet de ce travail ou de cette « technique » d'écriture est l'une des mesures de la tension qui se dégage de ce livre. *Le Gone du Chaâba* est également un témoignage, le compte-rendu d'un vécu des plus classiques, chronologiquement au moins, dans sa composition, mais avec quel humour*! Et cet humour introduit un « écart », une distance narrative avec le vécu réel du narrateur. C'est sans doute cela qu'il faut finalement retenir : plus qu'une littérature « beur », qui n'existe effectivement pas si on entend par là une unité ou une « école stylistique », ce sont des individualités créatrices, des styles différents, encore timides peut-être, encore freinés dans leurs emportements « vers d'autres régions du langage et du sujet », mais qui ouvrent des horizons nouveaux et créent des valeurs nouvelles.

5. L'intégration, chacun pour sa peau ?

Lorsqu'on parle de l'intégration des jeunes d'origine maghrébine dans la société française, ce sont surtout des noms qui viennent à l'esprit. Un chanteur, un comédien, un journaliste, un écrivain... comme si cette intégration était nominative et vouée à le demeurer après la disparition des initiateurs de la grande Marche de 1983. C'est vrai que lorsqu'il s'agit de l'intégration des Espagnols, Italiens, Belges, Polonais, Portugais en France, on ne procède pas du tout de la même manière. On parle aujourd'hui de ces communautés en bloc, et l'on n'a même plus de cas particuliers à citer tellement le processus a concerné une communauté tout entière et non pas une somme d'individus. C'est peut-être parce que la composante musulmane de cette population requiert une assimilation plus lente, au coup par coup, individu par individu ? A l'image d'une Administration qui n'accorderait la construction d'un

* C'est Abdellatif Chaouite qui a écrit ça. *(Note d'Azouz Begag.)*

minaret qu'à la condition qu'il ne s'érige qu'étage après étage, et que sa forme définitive n'intervienne qu'au bout d'un long temps de maturation des esprits. La longue histoire tourmentée du droit de vote aux immigrés revêt un peu cette allure de puzzle où l'on attend que les principaux intéressés soient morts de vieillesse et qu'il ne reste plus que leurs enfants qui de toute façon ont acquis la nationalité française et ses droits. C'est pour cette raison qu'avant de s'attaquer au droit de vote en lui-même, comme l'ont fait bien d'autres pays européens, les Français ont préféré gagner du temps en tentant de réformer le code de la nationalité. En matière d'intégration des maghrébins et de leurs familles, l'ambiguïté est de même nature.

Des mouvements collectifs de jeunes d'origine maghrébine se sont créés et défaits au cours des dix dernières années. Aujourd'hui, il n'y a pas de véritable mouvement associatif qui puisse affirmer fédérer les revendications de cette population. Pas plus SOS Racisme que France Plus ou les Jeunes Arabes de Lyon et banlieue (JALB). Ces divers mouvements sont du reste en conflit ouvert et luttent chacun de leur côté sur les mêmes terrains. C'est à celui qui assurera le plus sa légitimité et l'efficacité de son action. Conflits à propos de la légitimité, de la représentativité, des choix de revendications à faire, etc. Bref, dans l'espace des revendications, les luttes sont également internes et fratricides. Là où on attendrait plutôt une mobilisation générale, organisée, on est en face de multiples associations qui se construisent sur les faiblesses des autres. C'est parce que leurs leaders, s'ils sont parfois de même origine maghrébine, n'en sont pas moins des individus qui défendent des idées politiques différentes. Kaïssa Titous, directrice de campagne de Pierre Juquin aux dernières élections présidentielles ; Hayate

Boudjemaa, vice-présidente de SOS Racisme; Yazid
Sabeg, militant barriste; Areski Dahmani, président de
France Plus; Salem Kacet, sage de la commission du
code de la nationalité; Nacer Kettane président de
Radio-Beur.... Même origine ethnique, soit, mais à part
cela, où faut-il chercher les points de ressemblance de
ces individus entre eux? Cette diversité des choix politiques autorise-t-elle encore à parler des enfants
d'immigrés maghrébins de façon générale, comme on
parlait de leurs parents il y a quinze ou vingt ans? Certainement pas. Au niveau communautaire, il serait vain
de chercher à amalgamer des situations, des choix différents, parfois contradictoires.

Le mouvement collectif des enfants d'immigrés
maghrébins n'existe pas. C'est peut-être aussi parce
que les candidats qui veulent assurer le leadership sont
trop nombreux sur la liste, et qu'aucun n'arrive à
s'imposer. C'est aussi peut-être parce que les soi-disant
leaders (les « Beurs-geois » comme les nomment Beau
et Boubékeur) se sont déconnectés des réalités du plus
grand nombre, ou en tout cas qu'ils sont considérés
comme tels. C'est enfin parce que la majorité des
jeunes ne comptent pas ou plus sur la société ou les
grandes organisations pour améliorer leur situation.
On peut bien avoir la nationalité française, voter, être
diplômé, «*pour être embauché, c'est la tête qui compte
et la consonance du nom*»! Quand une telle représentation globale du rapport à la société française est inté-
riorisée par le jeune et qu'elle s'exprime dans la vie
quotidienne, elle conduit au désengagement total.
Piégé dans cette vision des choses, l'individu n'a plus
guère de solution pour trouver un emploi, un logement. L'école comme moyen de réussite sociale n'a
plus de signification.

En vérité, s'il y a une conscience collective des jeunes d'origine maghrébine, elle ne s'exprime que par le négatif. C'est la conscience de subir une condition sociale dévalorisée. Mais cette conscience ne trouve pas d'expression revendicative et militante. Lorsqu'un jeune se fait descendre dans une ZUP de la périphérie de Lyon, deux mille de ses potes-frères viennent crier leur colère dans les rues du centre-ville. Mais quand il faut manifester pour l'égalité des droits, ils restent chez eux. Quand il faut aller voter pour ceux des JOB, les Jeunes objectif Bron, qui ont présenté une liste autonome aux élections municipales, ils restent chez eux. C'est au demeurant les conclusions que dressent les leaders de ce mouvement. En matière de combat politique, les jeunes, globalement, n'ont pas de projet.

Il peut arriver que les leaders, ou ceux qui sont parvenus à se faire une place dans la société, apparaissent comme des cas typiques de stratégie individuelle ou de « traîtrise ». La réussite prend automatiquement l'allure d'un abus, un vol ou une lâcheté. Que pourrait dire un « Beur de la réussite » à des jeunes de banlieue qui, à vingt-cinq ou trente ans, sont déjà prisonniers du brouillard ? Le fossé est là. Karim Kacel est obligé de dire à ses anciens amis de la cité « qu'il magouille... » pour justifier son travail, comme s'il était acculé à une justification.

Cependant, ceux qui ont fait le pas et leur place dans la société jouent aussi un autre rôle, plus fondamental, qui prend toute sa signification dans l'histoire à venir des jeunes d'origine maghrébine. L'espace des représentations des enfants et des adolescents s'enrichit des places conquises et investies par leurs aînés qui ont percé. Ce déplacement des frontières de l'accessible est très important car, en dépit de tous les maux dont on l'accable, celui qui a réussi à passer de l'autre côté reste malgré tout « un des nôtres ». En tant que tel on

peut faire ce qu'il a fait parce qu'on le connaît et qu'au
fond il n'est pas différent de nous. A coup sûr, ce type
d'identification peut débloquer des situations et pousser des jeunes sur la voie de l'audace et de la réussite
sociale. Il y a beaucoup de jeunes aux Minguettes qui
sont partis à la poursuite de Luis Fernandez et de
Halim Ben Mabrouk. Dans les clubs de foot du quartier, des entraîneurs motivent les jeunes en désignant
les deux vedettes internationales.

CONCLUSION

Les marques
de la culture maghrébine

A trop vouloir accentuer la diversité des situations des jeunes d'origine maghrébine, nous courons le risque d'effacer complètement l'effet-mémoire qui fonde leur personnalité. Il est vrai que la culture berbéro arabo islamique des parents a laissé des traces chez leurs enfants, comme la transmission de n'importe quelle autre culture. Qu'il s'agisse des jeunes qui « ont percé » ou des autres, des traits communs qui puisent leurs origines dans la famille maghrébine les unissent. C'est d'ailleurs autour de ce tronc commun que les conflits internes se cristallisent le plus souvent. Le fait « d'être d'origine maghrébine » se retrouve chez tous les jeunes quand il est question du mariage, du rôle des aînés, du code de l'honneur, de la circoncision des enfants, de leur nom... en bref, de la perpétuation des valeurs qui structurent fondamentalement la personnalité. La distance que le jeune introduit entre le pays du Maghreb de ses parents et la France s'évalue toujours en fonction de ce que nous avons déjà appelé le noyau dur de la personnalité. La famille au sens symbolique du terme apparaît comme le lieu de frottement et d'aménagement principal de ces distances. C'est l'espace privilégié du sens de l'honneur, de l'inscription de soi dans une histoire. Ainsi, au sein du foyer maghrébin, les garçons ne fument pas devant leur aîné et *a*

fortiori devant le père, par respect. On ne regarde pas
en famille les films à la télévision à cause des «scènes
amoureuses». On ne dit pas de mots grossiers en
famille. On ne boit pas d'alcool, on ne mange pas de
viande de porc. Les filles ne peuvent pas porter de
minijupes devant leur père. Dans cet environnement
fortement codé par l'islam, les mariages mixtes prennent une très grande signification. Ils touchent à l'honneur de la famille, phénomène que nous avons évoqué
plus haut. Plus généralement, le moment de la naissance (et celui de la mort) est celui qui étale dans les
faits le problème de l'identité. En ce qui concerne les
mariages endogames, les parents ne choisissent plus
unilatéralement les épouses qui conviennent à leurs
enfants, pas plus que, après le mariage, le couple ne
cohabite avec eux comme c'était ou c'est encore le cas
dans les régions rurales du Maghreb. Cependant,
l'endogamie culturelle subit de plus en plus les vicissitudes de la vie quotidienne en France. Les garçons
sont tout naturellement amenés à rencontrer des filles
françaises plutôt que maghrébines dans les lieux
publics, ces dernières étant encore contraintes dans
leurs mouvements par leurs pères et leurs frères. Si
l'on ajoute à ces arguments un certain attrait sexuel
des garçons pour la femme occidentale et une non-
contradiction de ce type d'union avec le code islamique
(sous certaines conditions), on comprend pourquoi le
nombre de mariages mixtes a évolué au cours de ces
dernières années. Il serait vain de chercher à repérer
statistiquement le phénomène, car on ne peut pas
comptabiliser le nombre d'unions par concubinage, et
la loi interdit d'isoler les Français d'origine maghrébine
du reste de la population nationale. Lorsqu'un jeune
d'origine maghrébine épouse ou se lie avec une Française, la question de l'identité surgit à l'occasion de la

naissance d'enfants. Un père maghrébin peut encore difficilement appeler son fils avec un prénom autre que maghrébin. La perpétuation du nom reste un fait culturel incompressible dans ce milieu, quel que soit le statut social des individus. Pour le prénom des filles, le problème est moins ardu que pour celui des garçons (tous les prénoms qui se terminent par *a* font l'affaire, pourvu que leur prononciation soit possible pour les parents de l'époux...). Les compromis sont ici envisageables. Ils le sont beaucoup moins quand il s'agit de garçons. Généralement, la femme française revendique un nom français pour éviter le « marquage » de son enfant dans la société où il sera amené à vivre. Le père revendique au contraire ce « marquage » comme signe d'appartenance à une lignée. Dans ce type de couple, les enfants s'appellent souvent Mehdi, Lyes, Sami, Soufian... prénoms à consonance moins forte que Mohamed ou Brahim, et qui satisfont aux exigences de toutes les parties.

De la même façon, se pose aussi la question du baptême des enfants. Un père d'origine maghrébine n'acceptera pas souvent de voir ses enfants baptisés à l'église. En revanche, il souhaitera circoncire les garçons pour satisfaire à la tradition culturelle. On retrouve là encore cette volonté de marquer ses descendants de l'empreinte dont on a soi-même hérité de ses parents (l'acte le plus important dans la passation de la loi du père au fils). Lorsque la conjointe s'oppose à cette coutume, à propos de laquelle il n'y a pas de compromis possible comme pour le prénom, l'équilibre du couple est en jeu. Pour tous les autres sujets de friction comme l'apprentissage de la langue arabe, le ramadan, la consommation d'alcool ou de porc..., l'acuité est moins forte. Ce sont là des traits invisibles, transparents, avec lesquels l'individu peut jouer pour être reconnu dans sa communauté. En revanche, le prénom et la circoncision agissent comme des marques physiques. Indélébiles et visibles, elles ont un poids symbolique d'une extrême importance pour les jeunes d'origine maghrébine. Plus que tous les autres critères, c'est l'attachement à ces marques qui doit être observé quand il est question de distance par rapport à la culture d'origine. Et sur ce thème, on peut affirmer que la grande majorité des jeunes d'origine maghrébine se tiennent à la même distance.

La petite blonde au teint mat

La mobilité est un terme que nous avons utilisé pour parler de l'expérience humaine de l'espace et du temps. C'est une vie, un écoulement qui ouvre des horizons nouveaux en se jouant des rigidités identitaires. Les fixations, les résistances, les répétitions, voire les retours en arrière, ne finissent pas moins par céder à sa loi : le changement.

Le Maghreb et la France. Deux espaces qui ont connu, du fait de la mobilité de leurs habitants, des bouleversements incessants. Hier c'était au Maghreb de redéfinir son identité. Aujourd'hui c'est la France qui se trouve interpellée par la même exigence. Les campagnes électorales témoignent de cette évolution de manière frappante. Le mot immigré a soutenu avec succès l'épreuve du feu dans ces campagnes : il a bouleversé le paysage politique en s'imposant comme analyseur privilégié de la société française, révélant à ceux-ci leur peur irrationnelle, à ceux-là leur maladresse calculatrice, à ces autres l'ivresse d'une confiance tranquille. A tout le monde le danger d'une idéologie purificatrice de l'identité. L'appel de la mémoire, avec la célébration du bicentenaire de la Révolution de

1789, comme l'appel de l'avenir avec l'Europe de 1992 exigent une redéfinition de la notion d'identité française.

Les immigrés ont joué et continuent de jouer leur rôle dans ce temps de crise. Rôle de ceux qui révèlent les fragilités et les profondes mutations en cours, qui amènent à la lumière les forces de résistance tapies dans l'ombre. Agents de la mobilité économique, les parents ont vendu leurs mains à l'économie française d'après-guerre. Leurs enfants offrent ce qu'ils ont de plus profond : les anciennes cartes de leur identité. Les uns voient dans cette évolution les termes d'un pacte avec le diable. Les autres la création d'une nouvelle identité. Et pendant ce temps, des jeunes d'origine maghrébine paient le coût de la différence et des hésitations de la société. A la cour d'assises du Rhône, il y a quelques années, un jeune Français d'origine italienne, pour sauver son autoradio, abattit d'une balle Wahid Hachichi. Il fut pratiquement acquitté par les jurés. Signe des temps ? Mai 1988, aux mêmes assises, les videurs qui assassinèrent d'un coup de couteau Nordine Mechta devant l'entrée d'une péniche-discothèque se sont vu infliger douze ans de réclusion criminelle. La justice aurait-elle fini de loucher ? On aimerait croire qu'elle n'aura plus besoin de la vigilance d'associations comme les JALB (Jeunes Arabes de Lyon et banlieue) pour sévir impartialement.

Au cours de ce procès, l'idée a été évoquée que si la victime avait eu le « teint européen », elle ne serait sans doute pas morte aujourd'hui. Nous souscrivons totalement à cette remarque. Il s'agit bien d'un double meurtre : d'une personne et de l'image d'une partie de l'humanité. Ce meurtre est le rejet simultané de la différence et de la similitude. Dans bien des cas, le jeu de l'intégration c'est « pile je gagne et face tu perds ! » Tu

as beau avoir ta carte d'identité française, pour le bou-
lot, le logement, les boîtes, tu restes ce que ton visage
désigne : un Arabe. C'est cette simple équation à une
seule inconnue qui est la plus répandue chez les jeunes
d'origine maghrébine. Les histoires machiavéliques des
politiques, les réformes juridiques, les mots sur l'intégration resteront caducs et vides tant que cette épée
de Damoclès ne sera pas levée. Il faudra du temps. Il
faudra des victimes. Dans les culs-de-sac, beaucoup
rouillent en consommant de la drogue pour passer le
temps, pour dormir et ne rien voir. Ils ne sont pas allés
au cinéma voir *L'Œil au Beur noir*, ni *Le Thé au
harem*, ils n'ont pas lu les récits de leurs « frères et
sœurs ». Ils ne vont pas voter. Ils ne sont plus là. Hier,
devant la grande entrée de la prison de Lyon, des
mères maghrébines attendaient qu'on leur ouvre la
porte pour rendre visite à leurs enfants incarcérés. Sur
leur corps et dans leurs yeux on pouvait lire l'aberra-
tion d'une intégration ratée. Ailleurs, dans la même
société, d'autres jeunes lézardent et ouvrent des
brèches dans le monde des arts et de la culture. Peut-
être les plus jeunes s'y engouffreront-ils un jour.

Et les filles dans tout cela ? L'idée du rapport à
l'espace et au temps que nous avons exploitée tout au
long de ce livre rendait prévisible l'élection de deux
d'entre elles au parlement européen. Leur condition
dans la famille maghrébine en fait le rouage le plus fra-
gile et le plus explosif à la fois. Par là, elles deviennent
celles par qui les changements arrivent avec force au
sein de la famille comme au sein de la société. Contrô-
lées, immobilisées, elles ont développé trois types de
stratégies pour s'en sortir :

– l'identification au rôle assigné au sexe féminin par
les représentations du modèle familial traditionnel.
Cette stratégie de reproduction identitaire s'inscrit

dans un schéma de résistance au changement et se
heurte aux exigences de la situation de vie en immigration. Elle est contradictoire, entravante (mobilité/
immobilité) et source de conflits. Dans les faits, elle est
la moins courante ;

– la stratégie de Janus ou de double miroir : une
image pour la famille, sans trop de heurts avec ses
modèles ni trop de concessions, une autre image pour
la société épousant ses modèles. Ce comportement de
transition est sans doute le plus courant ;

– la rupture, aménagée ou violente. La fugue. Elle
casse la logique du système en y imposant une négociation des changements.

S'il revient aux filles plus encore qu'aux garçons de
mettre en œuvre les stratégies les plus engagées, voire
les plus radicales, pour conquérir l'espace de leur
propre mobilité, c'est qu'elles mènent leur combat sur
deux fronts, contre deux volontés immobilisatrices. Ce
double combat les place en position d'avant-garde :
elles ont le plus grand intérêt à ce que l'ensemble de
leur réseau relationnel change. Voilà la raison pour
laquelle elles investissent plus que les garçons les
espaces où ce combat peut être mené positivement :
maisons de jeunes, bibliothèques, centres sociaux,
écoles... Ce qu'elles acquièrent dans ces lieux institutionnels légitimés aux yeux de tous – diplôme, savoir-
faire – oblige les parents comme les autres agents de la
société à composer avec elles. La véritable « migration » des filles est dans cette expérience, dans cette
lutte pour un droit au choix, à la mobilité, à l'indépendance. Les plus frustrées, elles sont appelées par là
même à des rôles de pionnières et d'exploratrices. La
polémique autour du foulard coranique de novembre
dernier a dû apparaître étrange pour beaucoup d'entre
elles...

Enfin, un des espaces à conquérir, dont l'ouverture prochaine risque de bouleverser les données et le vécu de l'immigration en France, c'est l'Europe. Est-ce par hasard si les jeunes d'origine maghrébine en France ont d'abord fait leur entrée en politique au niveau municipal puis ensuite directement au niveau européen? Sans doute pas. Il était plus facile pour les deux femmes candidates d'être élues sur des listes au parlement de Strasbourg qu'à titre individuel à l'Assemblée nationale. L'Europe : l'abolition des frontières, réelles et surtout imaginaires, la circulation plus intense des hommes, des biens et des idées, la diversité des cultures, des langues, la multiplicité des alternatives et des choix de vie... L'Europe c'est d'une certaine façon, pour chaque pays, pour chaque individu, une nouvelle expérience migratoire. Chacun aura à s'intégrer à ce nouvel espace, y creuser sa place et y redéfinir son identité. L'Europe, c'est un grand chambardement du temps et de l'espace. Et ce n'est pas pour rien qu'on a avancé l'idée de l'Europe comme prochain bouc émissaire dans les discours frileux.

Mais l'Europe c'est également dans notre perspective une autre promesse, un autre rêve, l'ouverture d'un autre espace : la communauté méditerranéenne. La construction d'une entité supranationale est une pièce maîtresse dans la redistribution géoculturelle, et l'on s'apercevra peut-être un jour que, là encore, les émigrés de la rive sud-méditerranéenne auront joué un rôle de pionniers et d'éclaireurs, à leur insu, de l'espace imaginaire qui aura à accoucher de l'espace réel. Européo-méditerranéen. Cet espace européen s'annonce comme une alternative qui ne manquera pas de repositionner la question de l'intégration dans la France française. La France européenne donnera une signification nouvelle à l'accession des jeunes issus de l'immigration à la nationalité française. Le rapport passionnel et affectif à la France historique, dominé de part et d'autre par une *peur d'aimer,* trouvera sans doute un exutoire dans l'Europe pour se réguler. L'adoption de la nationalité aura moins le sens de ce que les jeunes eux-mêmes nomment parfois le « rempaillage ».

Cette Europe a déjà ses pôles et ses repères pour beaucoup de jeunes, et certains l'ont expérimentée comme un espace offrant autre chose que la grisaille des banlieues, comme un espace de rêve et de loisirs. A partir des périphéries lyonnaises, des jeunes franco-maghrébins ont tracé des sillages vers d'autres lieux tels que Benidorm ou Lloret de Mar sur les côtes espagnoles... ou Amsterdam. On en signale également dans les DOM-TOM, aux États-Unis, loin, très loin des Minguettes de Lyon, des quartiers nord de Marseille. En pensant à ces mobilités, à ces écarts, nous pensons à cette époque où Bouzid, le journalier algérien qui voulait voir la vie en rose, décida de faire le pas, de prendre un billet sur le *Ville de Marseille,* et de partir de son village pour la grande aventure...

Installé en France depuis quarante ans, retraité de soixante-quinze ans, analphabète, il sait aujourd'hui que l'aventure ne se terminera pas avec lui. Tout a changé. Même s'il n'est pas sociologue, il a compris. Deux ou trois fois par an, avec sa femme il rentre au pays où il a fait construire sa maison. Ses enfants ne l'habiteront jamais, même pas pendant les vacances d'été. Ils préfèrent désormais aller camper sur la Côte d'Azur. Mais lui et sa femme continuent d'aller occuper pendant quelques semaines ce vestige à deux étages que le mythe du retour a contribué à financer durant toute une génération. Il y a quelques années, de retour du pays, il disait toujours que l'Algérie avait changé, qu'on y construisait partout des logements, qu'il y avait du travail pour tous, que les possibilités de se faire une place au soleil étaient à saisir maintenant. A présent il doute. Son enthousiasme s'est éteint. Après les morts d'octobre 1988 à Alger, il ne sait plus bien que dire à ses enfants. Pendant ce mois d'août, il a vu les pénuries de denrées alimentaires à Sétif, les innombrables constructions qui ont noyé les souvenirs de son enfance, la foule extraordinaire des jeunes dans les rues, la montée de l'individualisme dans la société algérienne dont l'économie est asphyxiée. Maintenant, il sait très bien que ses petites-filles qui affectionnent le Perfecto et les collants ne peuvent plus sortir dans les rues de Sétif pendant les mois d'été. Il dit que finalement, pour elles, le camping du Cap-d'Agde c'est mieux. Et la maison à Sétif? Tant pis. C'était une erreur. Lui au moins il a fait le bon choix de la migration. C'est une chance. Avec ses 4 000 francs de retraite, il sait qu'il pourrait avoir 24 000 dinars sur le marché noir algérien. Il cite des gens qu'il connaît et qui, avec 300 000 francs français se sont fait construire des maisons à 2 millions de dinars en Algérie en changeant leur argent au marché noir. Il raconte avec amertume cette Algérie des désillusions, puis, alors qu'il se met à table avec ses enfants pour manger un couscous que ses filles viennent de préparer, il prend une poignée de grains dans la main et dit : « Regardez, ça fait plus de deux mois qu'on n'a pas mangé de couscous avec du vrai beurre au bled parce qu'on ne trouve plus de beurre. Les gens le cuisinent maintenant avec de l'huile. » Et, en plus, ils font la sauce avec du lait parce qu'il n'est plus question de manger de la viande à 120 dinars le kilo. Même le poulet a disparu du marché. Alors, après le dîner, il se lève, va dans sa chambre, installe son tapis « made in Corea » par terre et prie Allah. A côté de lui, Louisa, sa petite-fille aux cheveux blonds, le regarde, intriguée du haut de ses deux ans et elle demande à l'assemblée : « Qu'est-ce qu'il fait pépé ? » Et tout le monde rit. Une histoire est terminée. Une autre commence. Elle a les cheveux blonds et le teint méditerranéen. Dans la famille de Bouzid, la transition s'est faite en souriant.

Table

IMPRIMÉ PAR BRODARD ET TAUPIN À LA FLÈCHE (SARTHE)
DÉPÔT LÉGAL : MAI 1990. N° 12158 (6143C-5)

Collection Points

SÉRIE POINT-VIRGULE